AF452401

LE
CAPITAINE HÉRISSON

(El capitan Veneno.)

DON PEDRO A. DE ALARCON

de la R. Académie Espagnole

LE

CAPITAINE HÉRISSON

TRADUIT AVEC L'AUTORISATION DE L'AUTEUR

PAR

Mᵐᵉ MARIE TH.-HUC

(MAX DELEYNE)

PARIS

ERNEST FLAMMARION, ÉDITEUR

26, RUE RACINE, PRÈS L'ODÉON

A mon ami

NATHAN SÜSS

*Directeur de la compagnie des chemins de fer
de Madrid-Zaragoza-Alicante.*

Témoignage de profonde estime

et de bien affectueuse

sympathie.

LE TRADUCTEUR

LE
CAPITAINE HÉRISSON [1]

PREMIÈRE PARTIE
Blessures du corps.

I

UN BRIN D'HISTOIRE POLITIQUE

Dans la soirée du 26 mars 1848, des coups de fusil et des coups de couteau furent échangés, à Madrid, entre une poignée de paysans qui mouraient en poussant le cri

(1) La traduction littérale du titre espagnol ne correspondant qu'imparfaitement à l'acception choisie par l'auteur, nous avons dû prendre une équivalence.

(Note du traducteur.)

jusqu'alors inouï de « Vive la République ! »
et les milices, — amenées ou organisées jadis
par Ataulfe, reconstituées depuis par Don Pe-
layo et plus tard réformées par Trastamare,
— qui luttaient pour la monarchie espagnole.
L'armée avait alors pour chef responsable le
ministre de la guerre et président du conseil
Don Ramon Maria Narvaez, commandant au
nom d'Isabelle II.

Mais voilà bien assez d'histoire et de politique pour ce qu'il en faut ici. Passons vite
aux faits moins connus et moins regrettables
auxquels donnèrent lieu ces graves événements.

II

NOTRE HÉROÏNE

Au rez-de-chaussée de gauche d'une humble mais gracieuse et proprette maison de la rue de Preciados, vivaient seules, — c'est-à-dire en dehors de toute protection masculine, — trois bonnes et pieuses femmes. Cette rue, très étroite et très irrégulière, était en ce moment le théâtre de la lutte ci-dessus mentionnée. Et quant aux habitantes de la dite maison, elles n'offraient entre elles aucune ressemblance, au double point de vue de l'apparence extérieure et de la condition sociale.

La première était une dame Guipuzcoane, vieille et veuve, d'aspect grave et distingué.

La seconde, — sa fille, — jeune encore et non mariée, avait vu le jour à Madrid, et son visage, qui rappelait exclusivement le type paternel, ne manquait certes pas de grâce. Le trio était complété par une servante de provenance et de tournure impossibles à décrire. C'était une créature sans âge, sans forme, — voire sans sexe! — reconnaissables. Elle avait été baptisée, jusqu'à un certain point, à Mondoñedo, grâce à un curé d'une charité à peu près égale à la nôtre, puisqu'il ne craignit pas plus que nous de faire une concession, certainement excessive, en rangeant un tel échantillon parmi les membres de l'espèce dite humaine.

Dans cette association hétérogène, la jeune fille personnifiait le bon sens; elle faisait songer à la Raison vivante et enjuponnée. Un équilibre admirable harmoniait à ravir son caractère et sa beauté, sa simplicité et son élégance, sa grâce et sa modestie. Elle pouvait facilement parcourir la voie publique sans s'attirer la poursuite des galants de profession, mais il était impossible, pour peu que l'attention se fixât un instant sur elle, de refuser à ses charmes nombreux une admiration justifiée. Elle n'était point, — et ne tenait nullement à paraître, — une de ces beautés excitantes, pompeuses, foudroyantes, qui ne peuvent se montrer dans un salon, au théâtre, à la promenade, sans concentrer tous les regards et sans compromettre ou annuler l'être chétif qui les accompagne, qu'il soit leur fiancé, leur époux ou leur père, et fût-il même le fameux prêtre Jean des Indes (1). Ce qui distinguait notre héroïne était un ensemble harmonique et heureux de perfections physiques et morales dont la parfaite symétrie ne causait pas, au premier abord,

(1) Le prêtre Jean, ou mieux, *prestre Jehan*, personnage imaginaire, dont une lettre publiée en 1595 et condamnée par l'Église, éveilla un désir véhément d'émigration vers les pays fabuleux qui y étaient décrits comme dépendant de la « *terre des Yndes.* »

(N. du T.)

un plus grand enthousiasme qu'une impression d'ordre et de paix. N'est-il pas arrivé à la plupart de ceux que le hasard a conduit devant un édifice de proportions parfaites et dont aucun détail ne choque ou n'étonne la vue d'avoir dû recourir à un examen réfléchi pour découvrir, sous l'apparente simplicité de l'ordonnance générale, le secret d'une beauté répandue partout, et partout égale à elle-même? On eût pu croire, en vérité, que cette déesse bourgeoise avait découvert les manières entre toutes de s'habiller, de se coiffer, de regarder, de parler, d'amoindrir le trésor de sa splendide jeunesse, la façon la meilleure et la mieux faite pour empêcher qu'on pût la supposer jamais vaniteuse, ou présomptueuse, ou coquette. Elle semblait tenir à honneur de contraster autant que possible avec les déités prétendues qui font étalage de leurs mariables attraits comme pour dire à tous les passants que Dieu jette sur les grands chemins du monde:

« *Cette maison est à vendre... ou à louer.* »

Mais c'est trop nous attarder parmi ces fioritures et festons inutiles, vu que notre histoire paraîtrait trop longue, et que les loisirs du lecteur peuvent être très courts.

III

NOTRE HÉROS

Les républicains tiraient sur la troupe, du coin de la rue de Peregrinos, et la troupe répondait aux républicains, de l'angle de la Puerta del Sol, de telle façon que les balles des deux partis s'entre-croisaient sans cesse devant les fenêtres du rez-de-chaussée que l'on sait. Il était même arrivé déjà que les projectiles avaient frappé avec un bruit strident les barreaux du grillage et brisé par contre-coup les persiennes, les volets et les vitres.

La terreur ressentie par la dame et la servante, — terreur très différente dans ses causes et ses manifestations, — était égale-

ment profonde. La noble veuve tremblait ;
d'abord, pour sa fille, ensuite, pour le reste du
genre humain, et en dernier lieu pour elle-
même. La Galicienne songeait avant tout à sa
peau très précieuse, puis à son estomac et à
ceux de ses maîtresses, vu que la réserve d'eau
était presque épuisée, et que le boulanger
n'avait pas apporté le pain du soir. En fin de
compte, elle accordait quelques rogatons
d'intérêt aux soldats ou citoyens, natifs de la
Galice, qui pouvaient perdre dans la, bagarre
leur vie ou leur liberté.

Nous ne parlerons pas de la peur de la
jeune fille, car... elle n'existait pas. Soit que
la curiosité dominât toute autre impression,
soit que l'effroi n'eût point d'accès dans cette
âme virile, la gentille donzelle n'accordait
aucune attention aux conseils et aux ordres
de sa mère, ni aux lamentations pleurardes
de la domestique ; et pendant que ses deux
compagnes restaient blotties dans les appartements intérieurs, elle revenait de temps

en temps, dans les pièces ouvrant sur la rue, écarter les volets de quelque grille pour se faire une idée plus exacte de l'état réel de la lutte.

Pendant une de ces reconnaissances, périlleuses au dernier des points, elle constata que les troupes avaient avancé jusqu'à la porte de la maison, tandis que les insurgés reculaient vers la place Santo-Domingo, sans cesser pour cela de diriger leur feu avec une bravoure et une sérénité admirables. Et elle aperçut en même temps à la tête des soldats, au premier rang des officiers et des chefs, un homme de quarante ans environ, remarquable par son attitude énergique et déterminée, autant que par les discours enflammés dont il stimulait le courage de tous. Ce héros, plutôt grand que petit, était vêtu moitié en civil, moitié en soldat. Svelte et fort comme un faisceau de nerfs, il avait une tournure fine et élégante, la physionomie expressive et belle, bien qu'assez dure. Son

bonnet de police portait les trois minces galons du grade de capitaine; il avait une lévite
et un pantalon civils en drap noir, un sabre
d'officier d'infanterie; une gibecière et un
fusil décelant non un chasseur d'hommes...
mais un ennemi juré des perdrix et des lapins.

La Madrilène s'oubliait à regarder et à admirer cet étrange personnage, quand les républicains, le jugeant plus redoutable que les
autres, et le prenant pour un général, un
ministre, ou quelque chose de pareil, dirigè-
rent sur le pauvre capitaine une décharge
générale. Il tomba foudroyé, la face dans
le sang, tandis que les rebelles fuyaient
joyeusement, très satisfaits de leur exploit,
et que les soldats couraient à leur poursuite, désireux de venger leur chef infor-
tuné...

La rue resta donc solitaire et muette, et
le brave cavalier fut abandonné gisant au
milieu de la chaussée, sans qu'on s'avisât de
vérifier s'il respirait encore, ou si quelque

âme pieuse et charitable pourrait l'empêcher
de mourir... La jeune fille n'hésita pas un
instant. Elle courut vers sa mère et vers la
servante, leur expliqua l'affaire, leur apprit
que la rue était libre, batailla contre les observations prudentes de la généreuse Guipuzcoane, et plus encore contre l'effroi pure-
ment animal de l'informe Galicienne ; et cela,
tant et si bien que, quelques minutes plus
tard, les trois femmes transportèrent le blessé
dans leur maison. Bien mieux, elles étendi-
rent dans l'alcôve d'honneur de la chambre
principale, sur le propre lit de la veuve, le
corps insensible de celui qui ne passa jamais aux yeux de la politique pour le véritable héros du 26 mars, mais qui était pré-
destiné en revanche à devenir le seul héros
de notre histoire.

IV

CE QU'ON DOIT A SA PEAU ET A CELLE D'AUTRUI

Les trois charitables créatures ne tardèrent pas à reconnaître que le beau capitaine vivait encore. Une balle, qui avait glissé sur son front sans produire de réelle blessure, lui avait simplement enlevé l'usage de ses sens. Mais elles reconnurent aussi qu'il avait la jambe droite traversée, fracturée peut-être ; il n'y avait pas un moment à perdre pour panser le malade qui perdait beaucoup de sang. Elles comprirent enfin que ce qu'elles pouvaient faire de plus utile et de plus efficace, dans l'intérêt du malheureux, était de lui procurer immédïatement la visite d'un médecin.

— Maman, dit la courageuse jeune fille, le docteur Sánchez habite, à deux pas d'ici, l'une des maisons en face... Que Rosa parte et le prie de venir. C'est l'affaire d'un instant et il n'y a aucun danger à craindre.

Comme elle achevait ces paroles, un coup de fusil partit tout près de la fenêtre et fut suivi de quelques autres, tirés à une certaine distance. Puis tout retomba dans un profond silence.

— Je n'y vais pas ! grogna la servante. Ce que nous venons d'entendre est assurément une décharge d'armes à feu, et ces dames ne voudraient pas qu'on me fusillât dans la rue.

— Sotte ! dans la rue, il ne se passe rien du tout, répliqua la jeune fille, qui venait de regarder à travers les grilles.

— Sors de là, Angustias (1) ! cria la mère,

____

(1) ANGUSTIAS, littéralement *Angoisses*; même signification que *Dolorès*.   (*N. du T.*)

comprend l'imprudence de cette manœuvre.

— Le premier coup que nous avons entendu, — reprit la demoiselle ainsi nommée ;
— coup auquel viennent de répondre les troupes de la Puerta del Sol, a dû être tiré par
un homme fort laid que j'ai vu recharger
son fusil à la mansarde du n° 19... Les balles
doivent, en conséquence, passer trop haut
pour qu'il y ait le moindre péril à traverser
la rue. En échange, ce serait la plus grande
des infamies que de laisser mourir ce malheureux pour nous éviter un léger dérangement.

— J'irai moi-même chercher le médecin,
dit la mère, en bandant à sa manière la
jambe brisée du capitaine.

— Pour ça, non ! cria la fille s'approchant
de l'alcôve. Que dirait-on de moi? C'est moi
qui irai, moi qui suis jeune et qui puis courir vite. Pauvre mère !... tu n'as que trop souffert par le fait de ces malheureuses guerres !

— Cependant, tu n'iras pas ! répliqua im-
périeusement la mère.

— Ni moi non plus ! répéta la servante.

— Maman, laisse-moi faire. Je te le demande au nom de mon père ! Je n'ai pas le courage de voir couler le sang de ce brave ! Vois, vois donc combien peu lui servent tes bandes ! Le sang traverse déjà les matelas.

— Angustias, je t'ai dit que n'iras point !

— Je n'irai point si tu me le défends ; mais, ma mère, songe donc que mon pauvre père, ton noble et vaillant mari, ne serait pas mort, comme il mourut, au milieu d'un bois, la nuit d'une bataille, si quelque main miséricordieuse avait arrêté le sang qu'il perdait par ses blessures...

— Angustias !...

— Maman !... Laisse-moi... Je ne suis pas moins Aragonaise que mon père, bien que je sois née dans ce vilain Madrid ! Et d'ailleurs, je ne connais pas de décret qui enlève aux femmes le droit de montrer, à l'occasion, autant de sang-froid et de courage que les hommes.

Ainsi parla la valeureuse fille, et sa mère n'était pas encore revenue de l'étonnement mêlé de soumission et d'approbation involontaire où l'avait jetée cet impétueux élan, qu'Angustias traversait déjà intrépidement la rue de Preciados.

V

COUP DE FEU

— Voyez donc, señora!... Est-elle assez belle!... s'écria la Galicienne, battant des mains derrière la grille en suivant de l'œil la jeune héroïne.

Mais, hélas! au même instant un coup de fusil retentit tout près de là; et comme la pauvre veuve, qui s'était aussi rapprochée de la fenêtre, vit sa fille s'arrêter et tâter ses vêtements, elle poussa un cri déchirant et tomba sur ses genoux, à demi privée de sentiment.

— Elle n'est pas touchée!... Elle n'a rien!

criait la servante. Elle entre dans la maison
en face. Que la señora se tranquillise !

Mais la veuve n'entendait plus. Pâle
comme une morte, elle luttait contre sa
défaillance et, retrouvant enfin l'usage de ses
forces dans l'excès de sa douleur, elle se
releva presque folle et courut dans la rue...
mais elle y rencontra l'impassible et vail-
lante Angustias qui revenait avec le médecin.

La mère et la fille s'embrassèrent avec
délice, précisément à la place marquée
d'une flaque rouge par le sang du capitaine,
et rentrèrent dans la maison sans que personne se fût aperçu que le coup de feu per-
fidement tiré par l'homme de la mansarde
avait traversé les jupons de la jeune femme...

La Galicienne le remarqua la première, et
s'empressa de le publier avec sa bêtise
cruelle.

— Touchée ! Touchée ! s'écria-t-elle dans
son jargon de Mondoñedo. Que j'ai bien fait

de ne pas sortir !... Quels beaux trous les balles auraient faits, dans mes trois doublures !

On s'imagine la terreur rétrospective de la vieille dame. Angustias ne parvint pas sans effort à la convaincre qu'elle n'avait pas été autrement atteinte... La malheureuse Guipuzcoane éprouva une émotion telle que sa santé en resta ébranlée pour toujours.

Mais il est temps de nous occuper un peu du détérioré capitaine et de savoir quelle était l'opinion du diligent et habile docteur Sánchez au sujet de ses blessures.

VI

DIAGNOSTIC ET PRONOSTIC

Ce médecin jouissait d'une réputation enviable, et les premiers soins donnés par lui au blessé la justifièrent une fois de plus. Sans autres moyens curatifs que quelques médecines domestiques, il arrêta heureusement et très vite l'effusion du sang ; et, sans autre auxiliaire que les trois femmes qui l'entouraient, il réduisit et appareilla sommairement la fracture de la jambe. Mais comme son éloquence naturelle était loin d'égaler son adresse, et que le pauvre homme était affligé du même vice oratoire que Pedro Grullo (1), l'exposition de sa doc-

(1) Personnage comique, bègue et diffus.

trine lui rapportait ordinairement moins de succès que dans la pratique de son art.

Il finit par dire cependant qu'il répondrait de la vie du capitaine, « si ce dernier sortait avant vingt-quatre heures de ce profond anéantissement, indice certain d'une grave commotion cérébrale, dont il fallait évidemment voir la cause dans la lésion produite *par un projectile oblique*, lequel avait glissé sur l'os frontal en le contusionnant fortement, à l'endroit marqué par la blessure, conséquence terrible de ces malheureuses guerres civiles et de la part *imprudente* que le malade y avait prise ».

Il ajouta, en manière de glose, que si la susdite commotion cérébrale ne cessait pas avant l'heure indiquée, le capitaine mourrait infailliblement; « ce qui prouverait *sans conteste* que le choc du projectile en question avait été *trop fort;* et que, sur le point de savoir si la commotion précitée cesserait ou non avant les vingt-quatre heures marquées, il réservait son pronostic jusqu'au lendemain soir ».

Ces vérités véritables laborieusement proférées, il recommanda avec insistance, et presque avec inconvenance, — ce qui démontre assez l'opinion qu'il avait des filles d'Eve, — qu'on ne permît point au blessé de parler, qu'on ne lui parlât de rien, quelque urgence qu'il y eût à l'entretenir. Il laissa des instructions verbales et des ordonnances écrites pour tous les changements et accidents qui pourraient se produire. Il promit de revenir le lendemain, en dépit de nouveaux troubles possibles, en termes dignes d'un médecin et d'un orateur plus que naïf. Il rentra finalement chez lui, pour se tenir à la disposition des gens affligés par un cas semblable, après avoir conseillé à la vieille dame, effrayée, de se coucher de bonne heure, vu qu'elle avait le pouls agité et qu'il n'y aurait rien d'étonnant à ce qu'une légère fièvre survînt à l'arrivée de la nuit... (qui était arrivée déjà.)

VII

EXPECTATIVE

Il était trois heures du matin, et malgré un très réel malaise, la noble dame n'avait pas quitté le chèvet de son hôte. Elle n'avait pas voulu se rendre aux supplications de l'infatigable Angustias qui, non contente de veiller le malade, ne s'était pas assise un seul moment.

La jeune fille, superbe et calme comme une statue, était restée debout au pied du lit ensanglanté. Ses yeux ne quittaient point le visage, pâle et amaigri comme celui d'un Christ en ivoire, du brave soldat dont elle avait tant admiré la vaillance. Elle attendait, avec une anxiété visible, que le malheureux sortît de la léthargie profonde qui pouvait se terminer par la mort.

La bienheureuse Galicienne ronflait, comme si c'eût été le cas, dans le meilleur fauteuil du salon, sa tête vide appuyée sur ses genoux, vu qu'il en eût coûté un trop grand effort à son intelligence pour comprendre qu'un dossier s'adapte généralement à un siège afin qu'on y puisse appuyer l'occïput.

La mère et la fille avaient échangé, au cours de cette longue veille, de nombreuses observations et autant de conjectures sur l'origine probable du capitaine, sur son caractère, voire sur ses idées et ses sentiments. Avec la méticuleuse attention que les circonstances les plus terribles et les plus solennelles n'affaiblissent presque jamais chez les femmes, elles avaient remarqué la finesse du linge, la richesse de la montre, le soin personnel scrupuleux et la couronne de marquis surmontant le chiffre du patient. Elles avaient découvert

une vieille médaille d'or à l'effigie de la
Vierge del Pilar de Saragosse, suspendue au
cou du blessé. Tout cela les avait vivement
réjouies, parce qu'elles en concluaient toutes
deux que le capitaine était de bonne nais-
sance et de chrétienne éducation. Elles res-
pectèrent naturellement le contenu de ses
poches où des lettres et des cartes auraient
pu leur apprendre son nom et son adresse, et
attendirent que la bonté de Dieu permît
bientôt à leur hôte de leur faire lui-même des
déclarations semblables, lorsque le retour de
la connaissance et l'usage de la parole lui re-
viendraient avec l'espoir de vivre.

Pendant ce temps, quoique la bagarre politique se trouvât momentanément terminée
par la victoire de la monarchie, on entendait
encore quelque coup de feu lointain et isolé,
solitaire protestation de quelque républicain
mal converti par la mitraille. Le trot sonore
d'une patrouille de cavalerie, faisant une
ronde pour maintenir l'ordre public, reten-

tissait encore de temps à autre. Ces bruits, également fatidiques et lugubres, paraissaient plus affreux encore lorsqu'on les écoutait au chevet d'un soldat blessé, presque agonisant.

VIII

REPROCHES ADRESSÉS AU GUIDE DES ETRANGERS

Ainsi allaient les choses, et trois heures et demie étaient sur le point de sonner à l'horloge du Buen-Suceso (1), quand le capitaine ouvrit subitement les yeux. Il promena autour de lui un regard hautain, fixa ensuite les yeux sur Angustias et sa mère avec une espèce de frayeur puérile, et balbutia avec impatience :

— Où diable suis-je ?

La jeune fille posa son doigt sur ses lèvres pour lui recommander de garder le silence;

(1) Bonne-Nouvelle. Eglise voisine.

mais la veuve, désagréablement impressionnée par la seconde de ces paroles interrogatives, s'empressa de répondre :

— Vous êtes en lieu convenable et sûr, chez la générale Barbastro, comtesse de Santurce, pour vous servir.

— Des femmes.... diantre!... marmotta le capitaine en refermant les yeux, comme s'il retombait en léthargie.

Mais il était permis de constater qu'il respirait avec la force et la liberté d'un sommeil réparateur.

— Il est sauvé! dit Angustias tranquillement. Mon père doit être content de nous !

— Je priais justement pour le repos de son âme... répondit la mère. Tu conviendras, je pense, que la première salutation de notre malade laisse beaucoup à désirer.

— Je sais par cœur... dit, lentement et sans rouvrir les yeux, le capitaine, le tableau de l'Etat-Major général de l'armée espagnole, inséré dans le *Guide des Étrangers*, et aucun général Barbastro n'y figure depuis le commencement du siècle.

— Je vais vous dire !... s'écria vivement la veuve. Mon défunt mari...

— Ne lui réponds pas maintenant, maman... interrompit la jeune fille en souriant. Il a le délire, il faut ménager sa pauvre tête. Rappelle-toi les ordres du docteur Sánchez.

Le capitaine rouvrit ses beaux yeux, regarda très fixement Angustias, puis les referma et dit avec plus de lenteur encore :

— Je n'ai jamais le délire, señorita ! Mais je dis toujours la vérité à tout le monde, quoi qu'il advienne !

Et, ces paroles articulées syllabe par syllabe, il soupira profondément, comme fatigué d'avoir parlé si longtemps, et commença à ronfler sourdement comme s'il eût été opprimé par l'agonie.

— Dormez-vous, capitaine ? demanda la veuve très alarmée.

Le blessé ne répondit pas.

IX

NOUVELLES INCONVENANCES DU « GUIDE DES ÉTRANGERS »

— Laissons le reposer... dit Angustias à voix basse en s'asseyant à côté de sa mère. Et, en supposant qu'il ne peut maintenant nous entendre, permets-moi de te dire une chose, maman... Je crois que tu aurais mieux fait de ne pas lui dire que tu étais comtesse et générale...

— Pourquoi?

— Parce que tu sais bien que nos ressources sont insuffisantes pour traiter et soigner un hôte tel que celui-ci, aussi bien que le feraient de *véritables* générales et comtesses.

— De *véritables!*... qu'est-ce à dire? s'écria vivement la Guipuzcoane. Est-ce que, toi aussi, tu vas mettre en doute ma noblesse?... Je suis comtesse tout autant que la dame de Montijo et tout aussi générale que la femme d'Espartero!

— Tu as raison; mais tant que le gouvernement n'aura pas reconnu tes droits de veuve, nous continuerons à être bien pauvres...

— Pas tant que cela! Il me reste mille réaux de mes boucles d'oreilles d'émeraude, et j'ai encore un tour de cou en perles fines avec un fermoir en brillants que m'avait donné mon grand-père et qui vaut plus de cinq cents douros (1). Cela est plus que suffisant pour attendre la solution de mon affaire, puisqu'elle sera terminée avant un mois. Nous pouvons donc soigner cet homme

(1) 2,500 francs.

comme Dieu l'ordonne, quoique la fracture de sa jambe doive le retenir ici deux ou trois mois... Tu sais que le rapporteur du conseil a émis l'avis qu'on m'accorde les bénéfices de l'Article 10 de la convention de Vergara ; car, bien que ton père fût mort avant qu'elle ne fût conclue, on a bien constaté qu'il était d'accord avec Maroto...

— Santurce!... Santurce!... Ce comté ne figure pas non plus dans le *Guide des Étran gers!* murmura le capitaine, sans soulever les paupières.

Et tout à coup, secouant son engourdissement et se relevant sur son lit, il dit d'une voix vibrante, comme s'il eût été complètement guéri :

—Parlons nettement, señora ! Il faut que je sache où je suis et qui vous êtes... Personne ne m'en fait accroire... Diable ! que cette jambe me fait mal !

— Vous nous insultez, señor capitaine ! s'écria la générale irritée.

— Allons, capitaine !... soyez plus calme et taisez-vous, dit au même instant Angustias avec une douceur mêlée de contrariété. Votre vie courra grand danger si vous ne gardez le silence et l'immobilité. Vous avez la jambe droite fracturée, et la blessure de votre front vous a fait rester plus de dix heures sans connaissance.

— C'est vrai ! s'écria l'étrange personnage en portant les mains à sa tête pour tâter les bandages que lui avait mis le médecin. Ces gredins-là m'ont blessé ! Mais quel est l'imprudent qui m'a apporté dans une maison étrangère, alors que j'ai la mienne et qu'il existe des hopitaux militaires et civils ? Je n'aime à être gênant pour personne, ni à devoir à quiconque des bontés que je ne mérite pas, et que je ne tiens nullement à mériter ! J'étais dans la rue de Preciados...

— C'est dans la rue de Preciados que vous êtes, au rez-de-chaussée du n° 14... interrompit la Guipuzcoane, sans s'occuper des signes que sa fille lui faisait de se taire. Vous n'avez à nous remercier de rien, vu que nous n'avons fait et ne ferons rien que ce que Dieu et la charité nous commandent. Au surplus, vous êtes en maison convenable. Je suis doña Teresa Carillo de Albornoz y Aspeitia, veuve du général carliste D. Luis Gonzaga de Barbastro, *rallié* de Vergara (1)... Entendez-vous ? *Rallié* de Vergara, bien que d'un mode *virtuel, rétrospectif et implicite*, comme il est dit dans ma procédure. D. Luis dut son titre de comte de Santurce à un dé-cret royal de D. Carlos V, décret que doña Isabelle II doit valider, en vertu de l'ar-ticle 10 de la Convention précitée. Je ne mens jamais, je n'use point de noms sup-posés, et je ne me propose à votre égard rien autre que de vous soigner et de vous sauver, puisque la Providence m'a confié cette mission...

(1) La convention de Vergara mit fin à la première insurrection carliste.

— Maman, ne lui fournis pas de prétexte...
interrompit Angustias. Tu vois bien qu'au
lieu de se calmer, il se prépare à te répondre avec plus de violence... Et le pauvre
garçon est malade... il a la tête très faible!
Allons, señor capitaine, tranquillisez-vous...
il y va de votre vie...

Ainsi parla la noble demoiselle, sans sortir
de sa gravité coutumière. Mais le capitaine
ne s'adoucit pas pour cela. Il lui jeta un regard aussi furieux qu'un sanglier poursuivi
lorsqu'il voit sa retraite coupée par un nouveau et redoutable adversaire, et il s'écria
intrépidement :

X

LE CAPITAINE SE DÉFINIT LUI-MÊME

—Señorita!... Premièrement, je n'ai pas la
tête faible; jamais elle ne le fût; la preuve,
c'est qu'elle n'a même pas été traversée par
une balle. — En second lieu, je regrette
beaucoup que vous perdiez le temps à me
parler avec tant de pitié et de douceur, vu
que je ne me soucie guère de suavités, de
flatteries et de mignardises. — Pardonnez-
moi la brusquerie de mes paroles, mais cha-
cun reste ce que Dieu l'a fait, et il ne me
plaît point de tromper personne. Je ne sais
quelle tendance naturelle me fait préférer un
coup de fusil à un traitement aimable. Je
vous avertis donc en conséquence qu'il n'y

a pas à me soigner avec cette câlinerie ; elle me ferait crever de dépit dans le lit où m'a cloué ma mauvaise chance... Je ne suis pas né pour recevoir des faveurs, non plus que pour les reconnaître et les payer ; c'est pour-quoi j'ai toujours pris en grippe les femmes, les enfants, les dévots et toute la sequelle pacifique et doucereuse... Je suis un être atroce que personne n'a jamais pu sup-porter, ni quand j'étais enfant ou jeune homme, ni vieux comme je commence à l'être. Tout Madrid m'appelle le capitaine *Hérisson*. Ainsi donc, vous pouvez aller vous coucher et prendre les dispositions voulues pour qu'on me transporte avec un brancard à l'hôpital général. J'ai dit.

— Jésus ! quel homme ! s'écria doña Te-resa, horrorisée.

— Ainsi devraient-ils être tous ! répondit le capitaine. Le monde n'en irait que mieux, ou il aurait cessé d'exister depuis bien long-temps.

Angustias sourit de nouveau.

— Ne riez pas, señorita ; on ne se moque pas d'un pauvre malade, incapable de fuir et de vous délivrer de sa présence ! reprit le blessé avec une teinte de mélancolie. Je ne sais que trop combien je dois vous paraître mal élevé, mais ne croyez pas que je le regrette. — Ce qui me fâcherait bien autrement, c'est que vous croyiez devoir m'accorder quelque estime pour m'accuser ensuite de vous avoir induites en erreur. — Oh ! si je tenais l'infâme qui m'a déposé dans cette maison pour vous ennuyer et me déshonorer moi-même !...

— Nous vous y avons apporté nous-mêmes, la señora, la señorita et moi... dit la Galicienne, réveillée, à la fin, par les cris de cet énergumène. Vous étiez étendu devant la porte de la maison, en train de perdre tout votre sang, quand la señorita vous a pris en pitié. Je m'apitoyai un peu aussi, et, comme la señora en avait fait autant, nous vous emportâmes à nous trois, et la charge était bonne, tout mince que vous êtes.

L'entrée en scène d'une troisième personnalité féminine fit monter de plus fort la moutarde au nez du capitaine ; mais le récit de la Galicienne lui causa une impression si vive qu'il ne put s'empêcher de s'exclamer :

— Quel dommage que votre bonne action n'ait pas été accomplie en faveur d'un homme meilleur que moi ! Quelle nécessité y avait-il pour vous de rencontrer l'impénitent capitaine Hérisson ?

Doña Teresa regarda sa fille comme pour lui faire remarquer que celui qui parlait ainsi de lui-même devait être en réalité beaucoup moins mauvais, beaucoup moins féroce que ce qu'il croyait être. Et Angustias répondit par un sourire d'une grâce exquise en signe d'entente et d'assentiment.

Sur ces entrefaites, l'élégiaque Galicienne avait repris la parole en larmoyant :

— Le señor aurait bien plus de regret s'il

savait que la señorita est allée en personne chercher le médecin pour panser ses deux blessures, et que la pauvrette n'avait pas encore traversé le ruisseau qu'on a tiré sur elle un coup. . Voyez un peu... sa jupe en a été trouée...

— Je comptais bien ne vous rien dire de cela, capitaine, de peur de vous irriter davantage... expliqua la jeune fille avec une modestie légèrement railleuse.

Elle continua en baissant les yeux et en souriant plus gracieusement que jamais :

— Mais comme Rosa ne sait rien garder pour elle, je n'ai d'autre ressource que de vous prier d'oublier le trouble que cet incident a causé à ma mère ; elle en a encore la fièvre.

Le capitaine, ahuri, resta la bouche ouverte, en regardant tour à tour Angustias, doña Teresa et la servante. Mais lorsque la jeune fille eut cessé de parler, il ferma les yeux, exhala une sorte de rugissement et s'écria en montrant le poing au plafond : .

— Ah! cruelles! vous retournez le poignard dans ma blessure! Ainsi donc, toutes
trois, vous vous êtes proposé de faire de moi
votre esclave ou votre bouffon!... Vous vous
êtes assigné la tâche de me faire pleurer ou
de vous dire des tendresses... Je suis perdu
si je ne parviens pas à m'échapper d'ici! —
Mais je m'échapperai! — Il ne me manquait
que de me trouver, sur le retour de ma vie,
le jouet de la tyrannie de trois femmes de
bien! — Señora! poursuivit-il avec beaucoup
d'emphase et en s'adressant à la veuve, si
vous n'allez point vous coucher à l'instant et
prendre, sitôt couchée, une tasse de tilleul
avec de la fleur d'oranger, j'arrache tous ces
bandages et toutes ces attelles, et je meurs
en cinq minutes, que Dieu le veuille ou non!
Et quant à vous, señorita Angustias, faites-
moi la grâce d'appeler le sereno (1), et de l'envoyer chez le marquis de los Tomillares, rue

(1) Veilleur de nuit.

de San-Francisco, numéro..., afin d'avertir celui-ci que son cousin D. Jorge de Cordoba l'attend dans cette maison, et qu'il est gravément blessé. Après quoi, vous irez vous reposer aussi, en me laissant au pouvoir de cette insupportable Galicienne, qui me donnera de temps en temps de l'eau sucrée. C'est l'unique secours dont j'aie besoin jusqu'à la visite de mon cousin Alvaro. Voilà qui est dit. Señora comtesse, commencez par vous coucher la première.

La mère et la fille s'entregardèrent, et la première répondit paisiblement :

— Je vais vous donner l'exemple du bon sens et de l'obéissance. Bonne nuit ! jusqu'à demain, señor capitaine !

— Je vais me montrer obéissante aussi, ajouta Angustias, après avoir pris note du véritable nom du malade et de l'adresse de son cousin. Mais, comme j'ai très grand sommeil, vous voudrez bien me permettre de renvoyer à demain la commission pour le marquis de los Tomillares. Bonjour donc, señor D. Jorge ; à bientôt. Tâchez de rester immobile.

— Je ne veux pas rester seule avec ce seigneur ! cria la Galicienne. Son caractère endiablé me fait dresser les cheveux sur la tête et me fait trembler comme une biche aux abois !

— Ne crains rien, ma belle ! répondit le capitaine ; tu verras que je serai autrement doux et aimable pour toi que pour cette demoiselle.

Doña Teresa et Angustias ne purent contenir un éclat de rire en entendant cette première saillie humoristique de leur insupportable pensionnaire.

Et ce fut de la sorte que les lugubres et tragiques scènes du soir et de la nuit eurent pour dénouement un peu de gaieté et de joie. Tant il est vrai que tout est fugace et transitoire en ce monde, la félicité comme la douleur, et qu'il n'est ici-bas ni bien ni mal qui dure !

DEÚXIÈME PARTIE

Vie d'un mauvais garnement.

I

SECOND PANSEMENT

Le lendemain matin vers huit heures, le docteur Sánchez revint chez la comtesse de Santurce poser l'appareil définitif autour de la jambe cassée du capitaine.

Il n'y avait plus, grâce à Dieu, de barricades ni de tumulte à craindre. L'on sait, en effet, que ce calme relatif ne devait être troublé que le 7 mai suivant, date tristement immortalisée par les terribles désordres de la Plaza Mayor.

Le malade était ce matin-là d'humeur très taciturne. Il n'avait encore desserré les lèvres que pour répondre par deux interrogations brèves et rudes, à l'affectueux bonjour de doña Teresa et de sa fille.

— Par les clous de la croix, señora ! avait-il dit à la mère. Pourquoi vous être levée si matin, puisque vous êtes malade?... Pour augmenter encore mon ennui et ma honte?... Vous êtes-vous chargée de me tuer par un excès de soin?...

— Qu'importe, avait-il répondu à Ángustias, que je sois mieux ou plus mal?... Allons droit au fait ! Avez-vous envoyé chercher mon cousin pour qu'on m'emporte d'ici et que nous nous trouvions tous délivrés des impertinences et des cérémonies?

— Oui, señor capitaine Hérisson ! Il y a déjà une demi-heure que la concierge a fait la commission, répondit tranquillement la jeune fille en arrangeant les coussins.

Quant à l'irritable comtesse, les nouveaux *ex-abruptos* de son hôte n'avaient pas tardé à la remettre en froid avec lui. Elle prit le parti de ne plus lui adresser la parole, se borna à faire de la charpie, à préparer des bandes et à demander une ou deux fois au docteur Sánchez, avec le plus vif intérêt, comment il trouvait *le malade*. Elle dédaigna de le nommer autrement, mais ne s'informa pas avec moins d'insistance du risque qu'il courait de rester boiteux, de la possibilité de lui servir à midi du bouillon de poulet avec du jambon, et de la nécessité qu'il y aurait de faire sabler la rue pour qu'il fût moins gêné par le bruit des voitures, etc.

Le médecin l'assura, avec son ingénuité ordinaire, que l'éraflure de la tête n'offrait plus de danger, grâce au tempérament excellent et à l'énergie du blessé, et à la prompte disparition de tous les symptômes

indicateurs de fièvre cérébrale. Mais son diag-
nostic fut loin d'être aussi favorable au
sujet de la fracture. Il la qualifia de « très
grave et de très périlleuse, à cause du brise-
ment complet du tibia ». Et il recommanda
au patient de garder l'immobilité la plus
absolue s'il voulait éviter une amputation et
peut-être la mort...

Le docteur avait parlé en termes plus
clairs et plus rudes que sa difficulté d'élocu-
tion n'eût suffi à l'expliquer. Mais il avait
déjà compris le caractère volontaire et tur-
bulent de son malade. Il ne parvint pas à
l'effrayer, car cette espèce d'enfant terrible
ne lui répondit que par un sourire moqueur
et incrédule.

Mais, en revanche, les trois bonnes femmes
furent prises de peur. Doña Teresa cédait à
la pitié ; Angustias craignait pour certain
projet chevaleresque où son amour-propre
s'était engagé à guérir en l'apprivoisant ce bi-
zarre héros, enfin la servante s'inquiétait peu

de cacher la terreur instinctive qu'elle éprouvait pour toute effusion de sang, pour tout ce qui ressemblait à une opération, à la mort.

Le capitaine remarqua le trouble de ses infirmières et, sortant tout à coup du calme avec lequel il venait de subir le pansement, il dit avec colère au docteur Sánchez :

— Animal ! Vous auriez bien pu me notifier à moi seul vos sentences ! Pour être bon médecin, on n'est pas, que je sache, dispensé d'avoir bon cœur !... Vous voyez maintenant quelle mine longue et triste vous faites faire à mes trois Marie !... (1)

Ici le patient fut forcé de se taire, tant la douleur que lui causait le rajustage de ses os brisés était insupportable et cruelle.

— Bah ! bah ! reprit-il aussitôt, tout cela pour me retenir dans cette maison !... quand il n'y a rien qui m'irrite autant que de voir pleurer des femmes !

(1) Allusion aux femmes saintes de l'Évangile.

Le pauvre capitaine dut se taire de nouveau et se mordit quelques instants les lèvres; mais il ne laissa pas échapper un soupir.

Il était sûr qu'il devait souffrir à l'excès...

— Au surplus, señora... conclut-il en s'adressant à doña Teresa, je crois que ce n'est pas une raison pour vous de me jeter des regards aussi haineux, car mon cousin ne peut tarder à venir, et il vous délivrera du capitaine Hérisson. Alors le señor docteur verra... Sapristi ! bonhomme ! ne serrez pas tant ! Vous verrez que tout simplement et sans s'occuper de cette *immobilité*... — Peste ! Vous avez la main dure !... — quatre soldats m'emporteront dans un brancard et que j'en aurai fini avec toutes ces scènes de couvent de nonnes... Il ne me manquait que cela... du bouillon léger ! du blanc de poulet ! du sable dans la rue ! Serais-je par hasard un soldat de sucre-candi pour qu'on me traite avec ces gâteries ridicules ?

Doña Teresa, allait répondre avec l'impétuosité belliqueuse qui constituait son unique défaut, sans songer à l'horrible souffrance du malade, quand on frappa du dehors... Rosa vint aussitôt annoncer la visite du marquis de los Tomillares.

— Dieu merci ! s'écrièrent à la fois, bien que sur des tons divers, tous les assistants.

L'arrivée du marquis coïncidait avec la fin du pansement.

D. Jorge suait d'angoisse et de douleur.

Angustias lui donna un peu d'eau et de vinaigre et le blessé respira joyeusement.

— Merci, bijou ! dit-il.

Au même instant le marquis, introduit par la générale, se montra au seuil de l'alcôve.

II

ARC-EN-CIEL DE PAIX

Don Alvaro de Cordoba y Alvarez de Toledo était un homme extrêmement distingué, entièrement rasé, et déjà rasé de frais en dépit de l'heure matinale. Il pouvait avoir soixante ans ; sa figure ronde, pacifique et aimable, laissait transparaître le calme et la bonté de son âme. Il s'habillait avec tant de propreté, de soin et de symétrie, qu'on l'eût pris volontiers pour une statue animée de l'Ordre et de la Méthode.

Aussi, quoiqu'il fût très ému et très troublé par le malheur arrivé à son parent, il surmonta ses impressions de manière à ne négliger aucun détail de la plus scrupuleuse

politesse. Il salua très correctement Angustias, le docteur et même un peu la servante,
bien que la señora de Barbastro se fût abs-
tenue de la lui présenter. Ce fut seulement
après avoir accompli ces formalités qu'il
adressa au capitaine un long regard de tendresse paternelle et austère, où la consolation
tempérait le reproche, et où le malade dut
lire, avec le blâme muet de ses causes premières, l'acceptation résignée des consé-
quences de la sottise commise.

Entre temps, doña Teresa et surtout la
bavarde Rosa, — qui ne manqua point de
donner au cours de son récit son double
titre à sa maîtresse, informèrent, *vellis,
nollis* (1), le cérémonieux marquis de tout ce
qui était arrivé, tant sous leur toit que dans
le voisinage. Il ne fut fait grâce d'aucun détail, depuis le premier coup de feu tiré la
veille au soir dans la rue, jusqu'à la répu-

(1) Bon gré, mal gré.

gnance manifestée par D. Jorge pour se laisser soigner et secourir par les personnes auxquelles il devait la vie.

Lorsque la générale et la Galicienne cessèrent de parler, le marquis interrogea le docteur Sánchez. Celui-ci répéta l'opinion déjà émise sur les blessures du capitaine, et insista sur la nécessité d'éviter tout transport de nature à compromettre sa guérison et à remettre sa vie en péril.

Finalement, le brave D. Alvaro se retourna vers Angustias avec un geste interrogateur, comme pour lui demander si elle n'aurait rien à ajouter à la relation déjà faite ; mais comme la jeune fille se bornait à répondre par une inclination négative, Son Excellence prit les précautions nasales et vocales voulues, ainsi que l'attitude grave et résolue d'un homme habitué à parler au Sénat (il était sénateur, en effet), et dit d'un ton demi sérieux, demi affable...

Mais il faut faire de ce discours un cha-

pitre séparé, pour le cas où l'on voudrait le
joindre aux *Œuvres complètes* du marquis...
(il était littérateur aussi... de ceux qu'on
appelle « *de qualité.* »)

III

POUVOIR DE L'ÉLOQUENCE

— Señores, au sein des épreuves qui nous affligent et sans nous arrêter aux considérations politiques motivées par les tristes événements d'hier, il me semble que nous n'avons à nous plaindre que d'une manière...

— Ne te plains pas, toi, si rien ne te fait mal!... Mais lorsque mon tour viendra de parler... interrompit le capitaine.

— De toi, je ne me plaindrai jamais, mon cher Jorge! lui riposta doucement le marquis. Je te connais trop pour que tu aies à m'expliquer tes actions positives ou négatives. La relation qui m'a été faite me suffit.

Le capitaine qui, par un profond respect...
o u un profond mépris... s'obstinait systéma·
ti quement à contrarier son illustre cousin,
croisa ses bras avec philosophie, fixa son regard au plafond et se mit à siffler l'hymne de
Riego.

— Je dirais, — poursuivit le marquis, —
que le meilleur procède ici du pire. En ce qui
touche mon incorrigible et très cher parent
D. Jorge de Cordoba, personne, assurément,
ne lui a donné l'ordre d'aller faire sa partie à
coups d'épée dans le tapage d'hier, car il n'é-
tait pas de service, et il devrait être guéri de
ces fantaisies chevaleresques. Cependant, sa
nouvelle mésaventure n'est pas heureusement sans remède. Je dirai mieux : le meilleur remède lui a été déjà appliqué au moment opportun, grâce à l'héroïsme de cette
belle señorita et aux sentiments si charitables de ma señora, la générale de Barbastro,
comtesse de Santurce ; grâce encore à l'expé-
rience du digne señor Sánchez, docteur en

médecine et chirurgie, et au zèle de cette diligente servante...

Ici, la Galicienne se mit à pleurer.

— Passons à la partie dispositive! continua le marquis, chez qui l'instinct de la classification et du bornage était une qualité tellement dominante, qu'elle eût pu faire de lui un très remarquable agronome. — Señoras et señores, étant admis que le jugement de la science, d'accord avec le sens commun, déclare que notre intéressant malade, mon cousin germain D. Jorge de Cordoba, ne pourrait, sans un très grand péril, quitter cette couche hospitalière, je dois me résigner à le laisser troubler de sa présence cette paisible demeure, jusqu'à ce qu'il puisse être transporté sans danger dans la mienne on dans la sienne. Mais il demeure entendu, comme point essentiel d'une convention semblable, ô mon cher parent, que tu sauras trouver dans la générosité de ton cœur, dans l'illustre nom que tu portes, le courage de renoncer

à certaines habitudes de collège, de casino
et de caserne pour épargner des ennuis et
des dégoûts à la noble dame et à la digne
demoiselle, qui, efficacement secondée par
cette active et robuste domestique, t'ont em-
pêché de mourir dans la rue... — Ne réponds
pas!... — Tu sais que je pense longtemps aux
choses avant de les accomplir et que jamais
je ne reviens sur mes propres actes! — Au
surplus, la señora générale et moi causerons
en tête à tête (quand il lui agréera le mieux,
car je ne suis nullement pressé en ce qui me
concerne!) au sujet de quelques détails sans
importance, afin de donner une forme naturelle et admissible à ce qui restera toujours,
quant au fond, une grande charité de sa
part... Et comme il me semble avoir suffi-
samment élucidé, au moyen de ce léger discours, pour lequel je ne venais guère pré-
paré, d'ailleurs, tous les aspects divers de la
question, je renonce maintenant à l'exercice
de la parole. — J'ai dit.

Le capitaine continuait à siffler l'hymne de Riego, renforcé, croyons-nous, des airs belliqueux de Bilbao et de Maella, et ses yeux irrités lançaient de tels éclairs au plafond de l'alcôve qu'il n'y aurait eu rien d'étonnant à voir le lambris prendre feu et s'effondrer tout à coup.

Angustias et sa mère, émues par la déroute de leur ennemi, avaient essayé, à deux ou trois reprises, d'attirer son attention, afin de le consoler ou de le calmer par leur douce et bienveillante attitude; mais il ne leur avait répondu que par des gestes colériques ou des mouvements saccadés équivalant à des serments de vengeance. Et il était revenu à sa musique patriotique, en exagérant à dessein le rythme vif et guerrier. On l'aurait pris volontiers pour un fou agacé par la présence du surveillant préposé à sa garde. Et il faut avouer que le bon marquis semblait avoir fait son entrée en scène tout exprès pour tenir ce dernier rôle.

IV

PRÉAMBULES INDISPENSABLES

Là-dessus, le docteur Sánchez, qui avait
examiné et qualifié toutes choses, ainsi qu'il
convenait à un savant aussi versé que lui dans
la physiologie et la psychologie, — le docteur Sánchez prit congé de l'assistance
comme si elle eut été composée d'automates
plutôt que d'êtres vivants. Et le marquis
renouvela aussitôt près de la veuve la demande d'un entretien particulier.

Doña Teresa le conduisit à son cabinet,
situé à l'extrémité opposée de la même pièce,
et les deux sexagénaires s'établirent cha-
cun sur leur fauteuil respectif. L'homme du

monde commença par réclamer de l'eau sucrée en alléguant la fatigue excessive causée
par l'obligation de parler deux fois de suite.
Fatigue qu'il ne pouvait plus surmonter depuis certain discours prononcé au Sénat
contre l'établissement des chemins de fer et
des télégraphes, et qui n'avait pas occupé
moins de trois séances !

En réalité, ce n'était là qu'un prétexte au
moyen duquel le brave homme voulait
prendre le temps de se faire expliquer de
quel généralat et de quel comté la Guipuzcoane pouvait porter les titres. La question
n'était pas sans importance au moment où
il fallait parler d'argent.

On imagine que D. Alvaro n'eut pas à
presser beaucoup la pauvre femme pour que
celle-ci s'étendît avec complaisance sur ce
sujet favori !... Elle refit toute sa procédure
depuis A jusqu'à Z, sans oublier la mention de
son droit *virtuel*, *rétrospectif* et *implicite*...
pour réclamer au gouvernement, en vertu

de l'article 10 de la convention de Vergara, la pension nécessaire à sa subsistance. Ce fut seulement quant elle n'eut plus rien à dire, et qu'elle se mit à jouer de l'éventail, que le marquis de los Tomillares s'empara de la parole et répondit dans les termes suivants :

. . . .

Mais nous croyons aussi devoir attribuer une place particulière à cette intéressante relation, modèle d'analyse expositive, qui pourra plus tard figurer avec avantage parmi les ouvrages du sénateur, à la vingtième section, sous la rubrique « Affaires de parents, amis ou serviteurs. »

V

HISTOIRE DU CAPITAINE

— Vous avez, señora comtesse, la mauvaise fortune d'abriter sous votre toit un homme fait à l'envers, un des êtres les plus inconvenants que Dieu ait jetés dans le monde! Je ne veux point dire pour cela qu'il soit absolument aussi mauvais que le diable, mais il est sûr qu'il faut avoir une patience d'ange pour supporter ses impatiences, ses grossièretés et ses folies, lorsque l'on n'est point obligé de l'aimer comme je le fais par la loi de la nature et celle de la pitié. Qu'il vous suffise de savoir que la société bruyante et peu timide qu'il fréquente journellement

au casino ou au café, lui a donné le surnom
de capitaine Hérisson, en le voyant toujours
prêt à sauter comme un basilic ou à se casser
la tête avec le premier qui le dévisage. Il est
d'autant plus urgent de vous avertir, pour
votre tranquillité et celle de votre famille, qu'il
est plein de réserve, homme d'honneur et de
parole, incapable d'offenser la pudeur d'une
femme, sauvage et craintif au dernier des
points vis-à-vis du beau sexe. Il y a mieux :
en dépit de sa continuelle fureur, il n'a
jamais fait de tort qu'à lui-même, et vous
avez vu que pour ce qui me touche, il me
traite avec la prévenance et l'affection qui
conviennent à un frère aîné, ou à un grand-
père... Mais je répète qu'il est, malgré tout,
à peu près impossible de vivre à son côté.
Rien ne le démontre plus éloquemment que
notre séparation mutuelle, puisque, nous
trouvant tous les deux seuls au monde, moi
veuf, lui célibataire, privés de tout parent
ou allié, et même d'héritiers présomptifs ou

éventuels, il eût été naturel qu'il vînt habiter avec moi une maison solitaire et trop large pour mon usage. C'est ce que le plus niais eut fait à sa place, vu que mon naturel et mon éducation, me rendent très patient, complaisant et tolérant à l'égard de tous ceux qui respectent mes goûts, mes idées, mes heures, mes résidences et mes amis préférés. Or, cette douceur particulière de mon caractère est précisément ce qui rend l'intimité de vie impossible entre Jorge et moi. Les manières gracieuses ou courtoises, les entretiens tendres et affectueux l'exaspèrent véritablement; il n'aime que ce qui est rude, âpre, fort et belliqueux. Cela se comprend! Il n'a eu ni mère, ni nourrice! Sa mère est morte en lui donnant le jour, et son père, pour n'avoir pas à lutter contre des mercenaires, le fit allaiter par une chèvre... montagnarde assurément! On l'envoya aux écoles à peine sevré, car son père, mon pauvre frère Rodrigo, se tua peu après la mort de sa femme. Jorge faisait déjà la guerre aux sauvages d'Amérique quand sa moustache poussait. Il revint ensuite prendre part à notre guerre civile de sept ans. Il serait général maintenant, s'il ne se fût point querellé avec tous ses chefs, dès le jour qu'il reçut les galons de cadet. Les grades ou les emplois assez minces qu'il a obtenus jusqu'ici lui ont coûté des prodiges de valeur et je ne sais combien de blessures. Ses supérieurs auraient proposé son avancement, si les amères vérités qu'il a pris l'habitude de leur dire ne faisaient d'eux ses ennemis. Il a été mis aux arrêts seize fois, et quatre autres fois, enfermé dans des forteresses, toujours pour insubordination. Il n'a jamais pris part à aucune révolte. Depuis la fin de la guerre, il est constamment en disponibilité, et si je suis parvenu, à mes heures de faveur politique, à le faire replacer dans quelque administration militaire ou dans quelque régiment, etc., on l'a toujours renvoyé au bout de vingt-quatre heures. Deux ministres de la

guerre, défiés par lui, n'ont pas osé le fusiller
à cause de mon nom et de son extraordinaire
valeur. Cependant, comme il avait joué et
perdu au *tute* (1), dans ce mauvais casino
del Principe, son mince patrimoine, et
comme aussi la paie de disponibilité était
loin de lui suffire pour vivre suivant son rang,
il me vint, il y a déjà sept ans, l'originale
pensée de le nommer intendant de ma maison
et de mes biens. La mort de mon père et de
mes deux frères, Alfonso et Enrique, avait ra-
mené entre mes mains de nombreuses pro-
priétés, déchues et ruinées à la suite de tous
ces changements de maîtres. Sans doute la
Providence m'inspira l'audacieuse idée d'en
confier la gestion à D. Jorge. Mes affaires
rentrèrent, dès le premier jour, dans l'ordre
et la prospérité. Des administrateurs infi-
dèles perdirent leur poste ou se convertirent
à la probité. Mes rentes avaient doublé dès

(1) *Tute*, jeu de cartes offrant quelque ressemblance avec la brisque borgne et le besigue.

l'année suivante, elles ont quadruplé maintenant, grâce au développement que Jorge donne à l'élevage. J'ai aujourd'hui, je puis le dire, les meilleurs moutons du Bas-Aragon, — à votre entière disposition, señora ! — Et pour réaliser de tels prodiges, il a suffi à ce brise-tout de faire, à cheval et sabre en main (en guise de bâton !), le tour de mes états, et de passer une heure par jour dans mon cabinet de travail. Cela lui vaut une solde de trente mille réaux (1), et si je ne hausse pas ce chiffre, c'est que tout ce qui dépasse les frais de vestiaire et de restaurant, — seules nécessités que je lui connaisse et auxquelles il pourvoit avec sobriété et modestie, — tout ce qui lui reste, dis-je, est joué et perdu par lui le dernier jour de chaque mois... — Je néglige de compter sa paie de réengagement, attendu qu'elle reste constamment affectée aux dépens de quelque

(1) 7.500 francs.

poursuite encourue pour irrévérence envers l'autorité... Enfin, et malgré tout, je l'aime et je le plains comme je ferais d'un enfant méchant... Et comme je n'ai pas eu, en dépit de trois mariages, la chance d'avoir un fils bon ou mauvais; que d'autre part, la propriété de mon titre nobiliaire est d'avance assurée à mon cousin par la loi, je pense lui laisser net et franc tout mon patrimoine. Chose dont le triple niais ne se doute guère; — et Dieu fasse qu'il n'y comprenne rien jamais! car s'il le savait, il n'aurait rien de plus pressé que de donner sa démission de comptable, ou de tâcher de me ruiner afin que personne ne l'accuse d'avoir augmenté ma fortune dans son propre intérêt. — L'imbécile se sera imaginé, sans doute, grâce à certaines apparences et à quelques bruits calomnieux, que je pensais tester en faveur d'un neveu de ma dernière femme, et je le laisse dans l'erreur pour les raisons que je viens de dire!... Vous figurez-vous, señora, à quel point il sera mystifié, le jour où il héritera de mes neuf petits millions... et quel beau tapage il fera dans le monde ! Je tiens pour certain que trois mois après mon décès, il sera président du Conseil, ou ministre de la Guerre, à moins qu'il n'ait été, auparavant, passé par les armes sur l'ordre du général Narvaez !... Mon plus grand plaisir eût été de marier le vaurien, pour voir si le mariage l'assouplissait, le domestiquait, et si je pourrais, par ce moyen, compter sur une suite, latérale, mais prolongée, de successeurs pour mon titre de marquis ; mais Jorge n'est pas capable de s'enamourer, et si cela lui arrivait, par impossible, il se garderait de l'avouer, et d'ailleurs il n'est pas une femme qui consentît à vivre à côté d'un pareil porc-épic... — Voilà, madame, le portrait impartialement dessiné de notre célèbre capitaine Hérisson, que je vous supplie de vouloir bien supporter patiemment sous votre toit pendant quelques semaines, dans la certitude absolue que ma gratitude saura reconnaître ce que vous daignez faire pour sa santé ou pour sa vie, comme si vous le faisiez pour moi-même. »

En terminant ainsi la première partie de son discours, le marquis exhiba son mouchoir, le déplia et le passa sur son front, bien qu'il ne transpirât pas le moins du monde... Puis, il le replia symétriquement, le remit dans la poche postérieure de sa redingote, fit le simulacre d'aspirer une goutte d'eau, et poursuivit en changeant de ton et d'attitude :

VI

LA VEUVE D'UN CHEF DE PARTI

— Parlons maintenant de certains détails, négligeables jusqu'à certain point entre personnes de notre rang, mais dont il faut forcément tenir compte. — La fatalité a conduit dans votre maison et y tiendra prisonnier quarante ou cinquante jours encore, un étranger, un inconnu, un Don Jorge de Cordoba, de qui vous n'aviez jamais entendu parler, et qui possède un parent millionnaire...

... Et vous n'êtes pas riche, ainsi que vous le disiez tout à l'heure...

— Je le suis ! interrompit vaillamment la
Guipuzcoane.

— Vous ne l'êtes point, señora... ce qui
vous honore infiniment d'ailleurs, puisque
votre magnanime époux s'est ruiné pour
défendre la plus noble des causes... Je suis
moi-même quelque peu Carliste...

— Fussiez-vous, señor, Don Carlos en
personne !... nous parlerons d'autre chose
ou nous tiendrons l'entretien pour terminé.
Vraiment !... il ne manquerait plus que de
me voir accepter de l'argent pour remplir mes
devoirs de chrétienne !

— Cependant, señora, vous n'êtes ni médecin, ni apothicaire, ni...

—- Ma bourse sera tout cela pour votre
cousin, Señor. Dans les nombreuses occa-
sions où mon mari fut blessé en défendant
D. Carlos... excepté la dernière fois, bien entendu, puisqu'il mourut, faute de secours,
après avoir inondé de son sang un bosquet solitaire, — Dieu permit qu'il en fut ainsi, sans

doute, pour le châtier de son entente avec le traître Maroto (1), — partout ailleurs, dis-je, il trouva des paysans de Navarre et d'Aragon, qui l'accueillirent et le soignèrent sans accepter ni dédommagement, ni récompense... Ainsi ferai-je à mon tour pour D. Jorge de Cordoba, que cela plaise ou déplaise à sa millionnaire famille !

— Mais pourtant, comtesse, je ne puis accepter... fit observer le marquis, partagé entre l'approbation et la contrariété.

— Ce que vous ne pourrez jamais, señor, c'est me priver de l'insigne honneur que le ciel m'a accordée hier. — J'ai entendu raconter par mon défunt époux que, lorsqu'un vaisseau marchand ou un navire de l'Etat retrouve dans la solitude des mers et sauve de la mort un malheureux naufragé, l'équipage le reçoit avec des honneurs royaux, s'agît-il du plus obscur matelot. — Tous les marins

(1) Chef carliste qui prit l'initiative du ralliement.

montent dans les vergues, on étend un riche tapis sur l'escalier de tribord, tandis que musiciens et tambours sonnent la Marche Royale d'Espagne. — Savez-vous pourquoi?... C'est parce que l'équipage reconnaît dans le naufragé un hôte envoyé par la Providence. Je considère de même le cousin de Votre Seigneurie; et je mettrai à ses pieds toute ma pauvreté, en guise de tapis, comme j'y déposerais des milliers de millions si je les possédais.

— Générale!... s'écria le marquis pleurant à chaudes larmes, permettez-moi de vous baiser la main !

— Et laisse-moi, chère maman, t'embrasser avec tout l'orgueil de mon cœur!... ajouta Angustias qui avait tout entendu de la porte du salon.

Doña Teresa se mit à pleurer aussi de joie, en se voyant ainsi applaudie et célébrée. Et comme la Galicienne, s'apercevant de l'attendrissement général, ne pouvait perdre une

si belle occasion de sangloter, (sans savoir
pourquoi d'ailleurs!) il se fit tout-à-coup
une explosion générale de grimaces, de soupirs et de bénédictions. C'est pourquoi je
crois bon de clore là-dessus mon chapitre,
car pour peu que mes lecteurs se sentissent
pris à leur tour de cette contagion lar-
moyante, je pourrais bien n'en plus trouver
aucun à qui conter la fin de cette véridique
historiette.

VII

— Jorge, dit le marquis au capitaine, en entrant dans l'alcôve comme pour prendre congé, je dois te laisser ici ! — La señora générale n'a même pas consenti à laisser à notre charge médicaments ni médecin, de sorte que tu vas te trouver ici comme chez ta propre mère. — Je ne te dirai rien de l'obligation où tu te trouves de traiter ces dames avec l'affabilité et les convenances voulues. Non seulement tes bons sentiments que je ne veux pas mettre en doute, et les exemples d'urbanité et de courtoisie que je t'ai donnés, te commandent d'agir ainsi, mais c'est le moins que tu puisses faire à l'égard de personnes si charitables et si bien nées. Je reviendrai dans la soirée, si la señora comtesse daigne me le permettre, et je prendrai soin qu'on t'apporte du linge propre, les papiers que tu peux avoir à signer d'urgence, des cigarettes... Dis-moi s'il y a autre chose à prendre soit chez toi, soit chez moi...

— *Hombre*! (1) répondit le capitaine, puisque tu es en veine d'amabilité, apporte-moi un peu de ouate et des lunettes à verres fumés.

— Pourquoi?

— La ouate pour me boucher les oreilles afin de rester sourd aux paroles oiseuses, et le binocle noirci pour que personne ne puisse lire dans mes yeux les atrocités qui me viennent à l'esprit.

— Va-t'en au diable ! répliqua le marquis, incapable de garder son sérieux ; tandis que

(1) Terme familier intermédiaire entre *monsieur* et *homme*, *bonhomme !*

doña Teresa et Angustias cédaient aussi à leur envie de rire.

Et là-dessus, le grand seigneur salua les deux dames dans les termes les plus affectueux et les plus expressifs, tout comme s'il eût entretenu de tout temps des relations avec elles.

— L'excellent homme ! s'écria la veuve en regardant du coin de l'œil le capitaine.

— Un bien digne seigneur ! dit la Galicienne en serrant la pièce d'or que le marquis lui avait donnée.

— Un vieux sournois ! grogna le blessé, s'attaquant brusquement à la silencieuse Angustias. Voilà comment mesdames les femelles voudraient que fussent tous les hommes !... Ah ! le traître !... Séraphique ! Complimenteur ! doucereux !... digne commensal de nonnains ! Je ne mourrai pas sans lui avoir fait payer le mauvais tour qu'il me joue aujourd'hui, en me laissant au pouvoir de mes ennemies ! Dès que je serai sur pied,

je planterai là lui et son intendance, et je
solliciterai un emploi de surveillant au bagne
afin de vivre avec des gens qui ne m'irrite-
ront point en faisant montre d'honneur et de
sensibilité ! — Entendez-vous, señorita Angustias ? Voulez-vous bien me dire pourquoi
vous riez de moi ? Est-ce que ma figure res-
semble au masque d'un singe ?

— *Hombre !* Je ris en pensant combien
vous serez laid quand vous serez orné de lunettes noircies !

— Rien de mieux ! De cette façon, vous
échapperez au péril de vous éprendre de
moi ! rugit furieusement le capitaine.

Angustias éclata de rire. Doña Teresa
pâlit, et la Galicienne lâcha sa langue et repartit avec une vélocité de dix mots par seconde :

— Ma jeune maîtresse n'a pas l'habitude
de s'éprendre du premier venu !... Depuis que
je suis dans la maison, je l'ai vue tourner le
dos à un pharmacien de la Calle Mayor,

lequel roule carrosse ; puis, à l'avocat chargé du procès de la señora, lequel est un peu plus âgé que vous, mais millionnaire, je ne compte pas trois ou quatre promeneurs du Buen-Retiro (1).

— Tais-toi, Rosa ! dit la mère avec mélancolie. Ne comprends-tu pas que ce sont là des... fleurs que nous offre le chevaleresque capitaine ? Heureusement que son honorable cousin m'a déjà expliqué tout ce qu'il importe de savoir à propos du caractère de notre très gracieux hôte ! En conséquence, je suis charmée de le voir de si belle humeur, et... combien j'aimerais à railler aussi, sans cette maudite lassitude...

Le capitaine était resté boudeur et semblait chercher quelque excuse satisfactoire pour l'offrir à la mère et à la fille. Mais il se contenta de dire, avec le ton et la mine d'un gamin capricieux qui se rend à la raison :

(1) Promenade la plus fréquentée de Madrid.

— Angustias, quand cette gredine de jambe me fera un peu moins souffrir, nous pourrions jouer à la Brisque-Borgne... Cela ne vous déplaît-il pas ?

— Ce sera pour moi un insigne honneur... répliqua la jeune fille en lui présentant le remède qu'il devait absorber dans le moment. Mais vous pouvez être sûr dès maintenant, señor capitaine, que rien au monde ne m'empêchera de marquer vos *quarante...*

D. Jorge la regarda d'un œil hébété, et sourit avec douceur pour la première fois de sa vie.

TROISIÈME PARTIE

Blessures de l'âme.

I

ESCARMOUCHES

Quinze à vingt jours passèrent au milieu de querelles et d'entretiens du même genre, ce qui n'empêcha pas la guérison du capitaine de faire de notables progrès. Il ne lui restait déjà plus sur le front qu'une légère cicatrice, et son tibia commençait à se solidifier.

— Cet homme a un tempérament de chien ! répétait souvent le médecin.

— Merci du compliment, charlatan du diable, répondait le capitaine sur un ton d'affectueuse franchise. Dès que je me reverrai dans la rue, je vous conduirai aux toros et aux combats de coqs, car vous êtes un fameux homme... C'est là qu'on verra bien quels sortilèges vous employez pour raccommoder les membres rompus !

Doña Teresa et son hôte avaient aussi fini par se prendre d'affection l'un pour l'autre, sans cesser d'ailleurs de se quereller aussi bruyamment. D. Jorge niait chaque jour que la demande de pension pût être jamais accueillie, ce qui mettait la Guipuzcoane hors des gonds. Puis sans transition aucune, il l'invitait à s'asseoir à son chevet et lui répétait que le nom du cabecilla (1) Barbastro tout court, — sans l'escorte du double titre de général

(1) Chef de parti.

et de comte, — avait été cité cent fois en sa
présence comme celui d'un chef carliste distingué entre tous, pour sa bravoure et sa
chevaleresque magnanimité... Toutefois, si
la vieille dame lui paraissait plus taciturne,
plus accablée que de coutume sous le poids
des soucis et des infirmités, il se gardait bien
de railler son espérance, et la traitait alors sur
le ton le plus naturel du monde de comtesse
et de générale, concession qui rendait ins-
tantanément ses forces et sa gaîté à la veuve.
Ou bien encore, il fredonnait, en sa qualité
d'Aragonais, les *jotas* (1) de sa province origi-
naire, ce qui remémorait à la pauvre femme
ses amours avec le défunt carliste, et l'en-
thousiasmait au point de la faire rire et pleurer tout ensemble.

Ces prévenances du capitaine Hérisson, et
en particulier, le chant de la jota aragonaise, étaient réservées à doña Teresa comme

(1) Airs de danse populaires en Aragon.

un privilège exclusif. Mais il suffisait que Angustias se rapprochât de l'alcôve pour mettre fin à cette amabilité et pour faire faire au malade une tête de Turc. On aurait dit qu'il avait voué à la belle jeune fille une haine mortelle, peut-être parce qu'il n'était jamais parvenu à se disputer avec elle, à la voir contrariée, non plus qu'à lui faire prendre au sérieux les méchancetés qu'il lui disait, ou à perdre un seul instant la sérénité légèrement moqueuse que le pauvre intimidé qualifiait d'*insulte perpétuelle*.

Une chose digne de remarque, c'est qu'en dépit de ses dispositions agressives, Angustias ne pouvait retarder de quelques minutes son bonjour matinal sans que l'endiablé D. Jorge demandât à cent reprises, avec ses manières d'homme terrible :

— Et l'*autre* ? — Et Doña *la Nausée ?...* — Sa Seigneurie n'a pas daigné se réveiller encore ? — Comment permet-elle que vous soyez levée de si bonne heure, et ne m'apporte-t-elle pas le chocolat elle-même ?

— Dites-moi un peu, señora doña Teresa, la jeune princesse de Santurce serait-elle indisposée ?

Tel était le langage dont il usait avec la mère ; mais, s'il s'adressait à la Galicienne, il s'exclamait avec une vraie furie :

— Ecoute et entends, monstre de Mondoñedo ! Dis à ton insupportable damoiselle qu'il est huit heures et que je crève de faim ! Il n'est pas nécessaire qu'elle arrive toujours si bien coiffée et adonisée, car je ne l'en détesterai pas moins avec mes cinq sens. Et, en fin de compte, si elle ne vient pas bientôt, je ne jouerai pas aujourd'hui !...

Ce jeu était une comédie, ou mieux, un drame quotidien. Le capitaine jouait mieux que sa partenaire, mais Angustias avait plus de chance, et les cartes ne manquaient presque jamais de voler au plafond ou de joncher le parquet, grâce à l'impatience du gamin quadragénaire qui ne pouvait souffrir

le calme plein de grâce avec lequel lui disnit
là jeune fille :

— Vous voyez bien, señor capitaine Hérisson, que je suis venue au monde tout exprès
pour vous rappeler vos *quarante !...*

LA QUESTION SE POSE

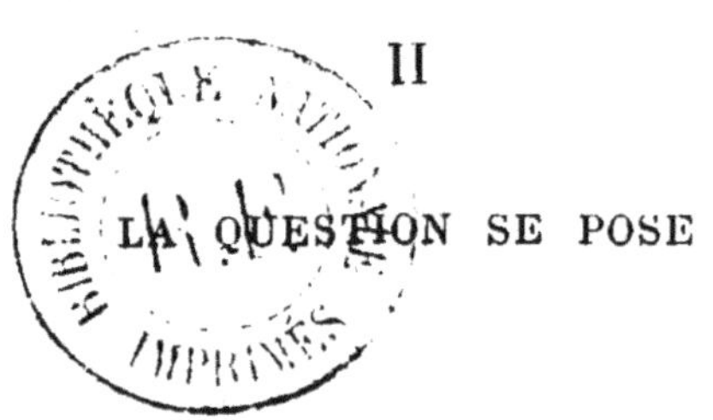

Les choses marchaient ainsi, quand, un matin, la question de savoir s'il y avait lieu d'ouvrir les portes vitrées de l'alcôve aux rayons magnifiques d'un soleil printanier amena entre D. Jorge et sa belle ennemie l'échange de ces graves propos :

LE CAPITAINE. — Pourquoi ne me contrariez-vous jamais, et ne relevez-vous pas les bêtises que je dis ? Cela me rend fou furieux, savez-vous ? — Cela prouve que vous me méprisez ! — Si vous étiez un homme, je vous jure bien que cela finirait à coups de couteau.

ANGUSTIAS. — Mais, si j'étais homme, je rirais de votre beau caractère tout autant que je le fais en restant femme. Et je ne doute pas que nous ne fussions très bons amis...

LE CAPITAINE. — Amis !... Vous et moi?... Impossible ! Vous avez le don infernal de me dominer, de m'exaspérer avec votre prudence. Pour devenir votre *ami*, il faudrait commencer par être votre *esclave ;* et, pour échapper à cette humiliation, je vous proposerais un duel à mort. Tout cela... si vous étiez homme. — Mais, femme, ainsi que vous l'êtes...

ANGUSTIAS. — Continuez !... Ne m'économisez pas vos galanteries.

LE CAPITAINE. — Oui, señora ; je vais vous parler franchement... J'ai toujours éprouvé une aversion instinctive pour les femmes, ces ennemies naturelles de la force et de la dignité de l'homme. Ève, Armide, cette troisième friponne qui coupa les cheveux à Samson, et tant d'autres que cite souvent

mon cousin, montrent assez quel crédit on
leur doit. Mais s'il y a quelque chose qui
m'épouvante plus qu'une femme ordinaire,
c'est une dame et surtout une demoiselle,
tendre, innocente, avec des yeux de colombe
et des lèvres d'incarnat, une taille souple
comme le serpent de l'Eden, une voix de
sirène trompeuse, de petites mains dont la
blancheur de lys cache des griffes de tigre,
et des larmes de crocodile capables de
séduire et de damner tous les saints de la
cour céleste... Voilà pourquoi je me suis fait
un système de vous fuir continuellement ;
car, enfin, me direz-vous, quelles armes un
homme de ma tournure peut-il employer
contre une despote de vingt avrils dont la
faiblesse constitue précisément la force ? —
Est-il moralement possible de battre une
femme ? — En aucune façon ! Eh bien ! alors,
quelle échappatoire reste-t-il à un pareil
malheureux quand il reconnaît qu'une mor-
veuse fort jolie et en bonne situation le do-

mine, le gouverne, l'emporte et le traîne comme une marionnette?

ANGUSTIAS. — Il n'a qu'à faire comme moi, lorsque vous me dites vos plaisanteries mal gracieuses!... Les prendre du bon côté... et sourire! Car vous n'êtes pas sans avoir remarqué que je ne suis pas pleureuse... raison suffisante, il me semble, pour que vous supprimiez, dans le portrait que vous venez de tracer de mes pareilles, le trait bien superflu des larmes de crocodile...

LE CAPITAINE. — Voyez plutôt! Lucifer n'eût pas trouvé une riposte semblable! — Sourire!... Rire de moi, c'est ce que vous ne cessez de faire. — Fort bien! Je disais donc, quand vous m'avez porté ce nouveau coup de poignard, que de toutes les demoiselles que j'ai tant redouté de rencontrer dans le monde, la plus terrible, la plus odieuse pour un homme de mon caractère... pardonnez à ma franchise!... c'est vous!... Je ne me rappelle pas avoir jamais éprouvé de rage comparable à celle qui s'empare de moi lorsque vous riez de ma colère. Il me semble alors que vous doutez à la fois de mon courage, de la sincérité de mes emportements, de l'énergie de mon caractère...

ANGUSTIAS. — A votre tour de m'écouter maintenant! et croyez que je parle en toute vérité. J'ai rencontré pas mal d'hommes dans le monde : d'aucuns m'ont plus ou moins fait la cour; pas un n'a jusqu'à présent réussi à me plaire... Mais si je devais m'éprendre quelque jour, ce serait certainement de quelque excentrique dans votre genre. Vous avez un caractère modelé pour le mien !

LE CAPITAINE. — Allez-vous-en à tous les diables ! — Générale !... comtesse !... rappelez votre fille, et dites-lui qu'elle m'enflamme le sang ! Enfin !... mieux vaut ne plus jouer ensemble ! Je reconnais que c'est impossible avec vous... Voilà plusieurs nuits que je ne dors plus en pensant à nos altercations ; aux duretés que vous m'obligez à

vous dire ; aux railleries irritantes que vous
me répondez ; à l'impossibilité qu'il y a pour
moi de vivre en paix avec vous, en dépit de
la reconnaissance que je dois... à votre
maison. Ah ! mieux eût valu que vous me
laissiez mourir tranquille au milieu de la
rue !... Il est fort triste de détester, ou de ne
pouvoir traiter comme Dieu l'ordonne, la
personne qui exposa sa vie afin de sauver la
vôtre ! Heureusement ! je pourrai bientôt
mouvoir cette sotte jambe et revenir à mon
logis de la Calle de Tudescos, au bureau de
mon séraphique parent, et au Casino de
mon cœur. Alors cessera le martyre auquel
vous me condamnez avec votre visage, votre
tournure et vos gestes de séraphin, et avec
votre calme, vos plaisanteries, et vos souri-
res de démon ! — Nous n'avons plus que quelques jours à nous voir... Une fois parti, je
découvrirai bien quelque moyen de rencontrer votre maman toujours seule, soit chez
mon cousin, soit en lui donnant rendez-vous

dans telle ou telle église... Mais pour ce qui vous regarde, ma déesse, je me garderai de vous approcher avant de vous savoir bien et dûment mariée... Que dis-je? — Alors moins que jamais! — En résumé, laissez-moi la paix, ou mélangez un acide quelconque à mon chocolat de demain.

Le jour où D. Jorge de Cordoba prononça ce discours, Angustias ne sourit plus; elle prit un air grave et triste...

Ce que voyant le capitaine, il s'empressa de se fourrer la figure sous les draps en murmurant dans son for intérieur :

— Je suis embêté de lui avoir dit que je ne voulais plus jouer au *tute!*... Mais, comment retourner en arrière à présent?... Ce serait me déshonorer?... Tant pis!... Savoure ta quinine, señor capitaine Hérisson. Les hommes doivent se conduire en hommes!

Angustias, qui s'était déjà éloignée, ne s'aperçut point du repentir et de la tristesse qui s'agitaient ainsi sous les couvertures du lit.

III

LA CONVALESCENCE

Quinze autres jours s'écoulèrent sans qu'il
y eût à noter quelque nouveauté importante
dans l'existence de notre héros. L'heure vint
enfin où il put quitter le lit sous l'expresse
condition de ne pas bouger de son fauteuil
et de ne point croiser ses jambes malades.

Informé de cette prohibition médicale, le
marquis de los Tomillares, qui n'avait pas
manqué de visiter chaque matin soit D. Jorge,
soit plutôt ses admirables infirmières, —
avec lesquelles il s'entendait bien mieux
qu'avec son cousin impatient et rageur — le
marquis, disions-nous, envoya au malade un

magnifique fauteuil-lit en acajou, recouvert
de damas, qu'il avait commandé tout exprès
pour la circonstance.

Ce meuble luxueux était un vrai chef-
d'œuvre dont le méticuleux aristocrate avait
dirigé la fabrication lui-même. Il était pourvu
de roues pour faciliter le transport du malade, et de nombreux ressorts permettaient
de le transformer, soit en lit de camp, soit
en fauteuil plus ou moins renversé. Un ap-
pui adjacent soutenait la jambe droite et
l'on y adaptait à volonté une tablette, un lu-
trin, un pupitre, un miroir et autres acces-
soires, tous parfaitement conditionnés.

Quant aux deux dames, elles reçurent,
comme tous les jours, de ravissants bou-
quets de fleurs, et, en outre, une corbeille
de gâteaux escortés de douze bouteilles de
champagne. Cet envoi spécialement destiné
à célébrer la convalescence de leur hôte. Le
médecin reçut pour sa part une belle montre
et la servante fut gratifiée de .vingt-cinq

douros (1). De sorte que la joie régna ce jour-là dans la maison, bien que la santé de la respectable Guipuzcoane parût s'affaiblir d'heure en heure.

Les trois femmes se disputèrent le plaisir de promener le capitaine dans son fauteuil-lit. Malades et bien portants burent le champagne et firent honneur aux friandises en compagnie du médecin. Le marquis prononça un grand discours, en faveur de la sainte institution du mariage D. Jorge lui-même daigna rire à deux ou trois reprises aux dépens de son longanime parent, et consentit à chanter *en public*, — c'est-à-dire en présence d'Angustias, quelques couplets d'une jota aragonaise.

(1) **125 francs.**

IV

COUP D'ŒIL RÉTROSPECTIF

Il faut bien convenir, pour rester véridique, que depuis la célèbre discussion dont le beau sexe avait été le sujet, le capitaine avait quelque peu modifié, sinon son langage et ses manières, à tout le moins, son humeur. Et qui sait si ce changement n'avait point atteint aussi ses idées et ses sentiments ! Il était clair que les jupons lui causaient moins d'horreur que jadis, et tout le monde s'était aperçu que la confiance bienveillante qu'il témoignait à la comtesse de Barbastro s'étendait peu à peu jusqu'à sa fille.

Il continuait toutefois, par suite de son

obstination aragonaise bien plus que pour toute autre cause, à se dire son ennemi mortel, et à affecter en lui parlant l'impatience et le ton bourru dont il eût fait usage pour commander son escadron. Mais ses yeux la suivaient et s'arrêtaient sur elle avec respect, et si, par hasard, son regard croisait le regard de plus en plus grave et triste de la fière et mystérieuse jeune fille, il trahissait l'inquiétude et le désir de pénétrer le secret de cette mélancolie.

De son côté, Angustias avait absolument cessé de provoquer le capitaine et de sourire de ses explosions de colère. Elle le servait en silence et sans répondre, supportait ses dédains plus ou moins sincères, jusqu'à ce que, devenu à son tour triste et grave, il demandât d'un certain air bon enfant :

— Qu'avez-vous, señorita ? Etes-vous fâchée ? Commencez-vous à me rendre l'aversion que je vous ai si souvent manifestée ?

— Trêve d'enfantillages, capitaine ! lui répondait-elle. Nous n'avons dit que trop de sottises... à propos de choses sérieuses.

— Vous battez donc en retraite ?

— En retraite, moi... pourquoi donc ?

— Bah !... vous le savez bien ! Il ne fallait pas afficher tant d'humeur batailleuse le jour où vous m'avez traité d'*excentrique*...

— Croyez que je n'en ai nul regret, mon ami. — Mais trêve de paroles inutiles. A demain.

— Vous partez ?... C'est absurde. Une vraie fuite ! s'écriait alors le rusé compère.

— Comme vous voudrez ! répondait Angustias en haussant les épaules. Le fait est que je m'en vais.

— Et que vais-je faire maintenant ici, tout seul, pendant cette éternelle soirée ? — Veuillez remarquer qu'il n'est pas plus de sept heures !

— Cela ne me regarde pas. Vous pouvez dormir, réciter le rosaire, bavarder avec maman. J'ai à démêler le ballot des papiers de mon pauvre père ! Pourquoi ne pas demander un jeu de cartes à Rosa pour faire solitairement des *patiences ?*

— Soyez sincère !... exclama un jour l'impénitent célibataire en dévorant des yeux les mains blanches et potelées de son ennemie. Vous me gardez rancune depuis *cette matinée* où nous avons cessé de jouer au *tute.*

— Au contraire ! Je me félicite fort que nous ayons renoncé enfin à perdre ainsi notre temps, repartit Angustias, enfonçant ses mains dans ses poches.

— Mais alors, âme du bon Dieu, que vous faut-il ?

— A moi, señor don Jorge ? il ne me faut rien.

— Pourquoi ne m'appelez-vous plus « señor *capitaine Hérisson ?* »

— Parce que j'ai reconnu que vous ne méritiez pas ce nom.

— Ho ! ho ! nous voilà revenus à la douceur et aux éloges. Savez-vous ce que je suis en dedans ?

— Je sais très bien que vous n'arriverez jamais à faire mal à personne.

— Pourquoi? par lâcheté?...

— Non, señor, mais parce que vous êtes un pauvre homme doué d'un excellent cœur, que votre orgueil ou la crainte de votre propre sensibilité tient bâillonné et enchaîné.,. Si vous ne le savez pas, demandez à ma mère...

— Bien ! bien... tournez le feuillet, je vous prie !... Vous pouvez garder vos compliments comme vous cachez vos petites mains d'ivoire.

— Cette petite fille prétend me retourner à l'envers !

— Vous gagneriez beaucoup à ce que j'eusse formé et réalisé ce projet, attendu que, chez vous, *l'envers* est bien certainement *l'endroit*. Mais nous n'en sommes pas là !... Qu'ai-je à voir dans vos affaires ?

— Tonnerre de Dieu !... Vous auriez bien pu vous poser cette question à vous-même, le soir où vous vous êtes fait fusiller pour me sauver la vie ! s'écria D. Jorge avec une impétuosité plus ressemblante à l'explosion d'une bombe qu'à celle de la gratitude.

Angustias lui jeta un regard de satisfaction et dit avec une noble vivacité :

— Je ne me repens point d'une telle action, car, si je vous admirais pour votre bravoure, le 26 mars dernier, je vous ai admiré depuis bien davantage quand je vous ai entendu chanter, en dépit de votre souffrance, les airs aragonais qui amusent et consolent ma pauvre mère.

— C'est cela !... Moquez-vous maintenant de ma vilaine voix.

— Jésus ! quel diable d'homme !... Je ne me moque point ; il n'y a pas de quoi se moquer ! J'ai été souvent sur le point de pleurer quand vous chantiez ces couplets et je vous bénissais de loin.

— Des pleurnicheries !... Le pire de tout ! Ah ! señorita doña Angustias ! Il faut regarder à ce qu'on fait, avec vous ! Vous vous êtes proposé de me faire dire des sottises et des fadaises indignes d'un homme sérieux, pour rire ensuite à mes dépens et vous déclarer victorieuse !... Heureusement que je suis sur mes gardes ; et, du plus loin que je me verrai en péril de donner dans vos filets, je me mettrai à courir avec ma jambe cassée et ne m'arrêterai plus qu'à Pékin. Vous devez être ce qu'on appelle une *coquette*.

— Et vous, vous êtes un misérable !

— Tant mieux pour moi !

— Un homme injuste, un sauvage, un niais.

— Allez donc ! allez toujours !... C'est ce que je voulais. Nous nous serons donc empoignés, à la fin !...

— Vous êtes un ingrat !

— Ah ! ça, non !... Pour ça, non !

— Eh bien ! alors, gardez votre reconnaissance dont je n'ai que faire, Dieu merci ! Et surtout, faites-moi le plaisir de ne plus m'entraîner dans des conversations semblables.

Ce disant, Angustias lui tourna le dos avec une mauvaise humeur véritable.

Ainsi restait d'ordinaire, aussi obscur et aussi embrouillé, le point essentiel que ces deux êtres discutaient inconsciemment depuis le premier jour de leur rencontre... point que des événements prochains devaient élucider avec une limpidité cristalline.

V

PÉRIPÉTIE

Le jour si joyeux et si fêté où le capitaine Hérisson avait quitté le lit devait avoir une fin lamentable. Contraste habituel à la vie humaine, s'il faut en croire un axiome non moins accrédité maintenant que jadis, en vertu de raisons que la philosophie qualifie d'inverses et contraires.

Vers le soir, le médecin et le marquis, ayant tous deux pris congé, Angustias et Rosa sortirent aussi, sur le conseil de la vénérable Guipuzcoane, pour aller réciter un *Salve* à la Vierge de Bonne-Nouvelle, dont le sanctuaire s'élevait encore à cette époque sur la place Puerta-del-Sol. Tout à coup résonna le timbre de la porte d'entrée, et le capitaine, qui avait été déjà réinstallé dans son lit, entendit doña Teresa demander : « Qui est là ? » à travers le grillage pratiqué dans l'épaisseur du battant. Presque aussitôt, la vieille dame introduisit la visite imprévue et s'écria sur un ton d'étonnement :

— Comment me serais-je imaginé que vous viendriez à pareille heure ? Veuillez entrer ici, je vous prie !

Ce à quoi répondit une voix masculine :

— Je regrette infiniment, señora...

Le reste de la phrase se perdit dans l'éloignement et le silence se fit pour quelques instants. Puis, le même bruit de pas se reproduisit et la même voix d'homme prononça ces paroles comme pour prendre congé :

— Je serai heureux que vous retrouviez la santé, le repos !...

Et doña Teresa répondit :

— Ne vous inquiétez pas...

Après quoi la porte s'ouvrit et se referma, et la maison retomba dans le plus profond silence.

Le capitaine, pensant qu'il devait être arrivé quelque désagrément à la veuve, s'attendait à la voir venir pour lui tout raconter ; mais, comme elle ne paraissait point, il réfléchit que l'affaire devait rentrer dans la catégorie des secrets domestiques ; et, bien qu'il lui semblât entendre des soupirs dans le corridor voisin, il crut devoir s'abstenir de l'appeler comme d'habitude.

Un nouveau coup de sonnette retentit au même instant, et doña Teresa ouvrit si rapidement qu'il était facile de comprendre qu'elle était restée immobile à la place où elle avait congédié le visiteur précédent.

Brusquement, les exclamations d'Angustias éclatèrent.

— Pourquoi nous attendais-tu là, avec le passe-partout dans la main ?... Maman !...

Qu'as-tu donc ?... pourquoi pleures-tu ? pourquoi ne me réponds-tu pas ?... Souffres-tu ?... Jésus, mon Dieu !... Rosa !... vite... cours chercher le docteur Sánchez !... Ma mère se meurt !... Viens! attends !... Aide-moi à l'étendre sur le sofa du salon... Ne vois-tu pas qu'elle tombe? Pauvre mère chérie! maman de mon cœur !,.. Qu'est-ce qui t'empêche de marcher ?

Effectivement, don Jorge vit du fond de son alcôve apparaître doña Teresa défaillante, les deux bras appuyés sur le cou de sa fille et de la servante, et la tête inclinée sur sa poitrine. Angustias, qui avait oublié jusqu'alors l'existence du capitaine, poussa un cri de fureur; et lui demanda en le regardant face à face.

— Qu'est-ce que vous avez fait à ma mère ?...

— Non !... non... le pauvre ! Il ne sait rien !... s'empressa d'articuler la malade d'un ton affectueux. J'étais seule quand je me suis trouvée mal... Cela passe déjà...

Le capitaine était rouge d'indignation et de honte.

— Vous l'entendez, señorita Angustias, dit-il enfin avec une amère tristesse. Vous m'avez calomnié cruellement !... Mais plutôt, non !... c'est moi qui me suis depuis bien des jours calomnié moi-même... Je méritais cette injustice de votre part. Doña Teresa ! ne faites pas attention à cette insulte, et dites-moi que vous êtes tout à fait remise, si vous ne voulez pas que je crève, là même où je me vois cloué par la douleur et crucifié par mon ennemie.

Cependant, la veuve avait été installée sur le sofa et Rosa courait dans la rue à la recherche du médecin.

— Pardonnez-moi, capitaine, dit Angustias. Songez qu'il s'agit de ma mère, et que je l'ai trouvée se mourant toute seule, après l'avoir laissée avec vous il y a un quart d'heure à peine... Serait-il venu quelqu'un en mon absence ?

Le capitaine allait répondre affirmative-
ment ; mais doña Teresa s'empressa d'inter-
venir :

— Non ! Personne !... N'est-ce pas, señor
don Jorge ?... Affaire de nerfs... de vapeurs...
de vieillesse ! Pas autre chose certainement !
— Maintenant, je vais bien, ma fille.

Le médecin, rappelé à la hâte, n'eut pas
plutôt tâté le pouls de la veuve, — si gaie, si
bien portante une demi-heure auparavant, —
qu'il ordonna de la coucher tout de suite et de
l'obliger à garder le lit quelque temps pour
donner à la grande commotion nerveuse
qu'elle avait éprouvée, le temps de se calmer d'elle-même. Puis il prit à part Angustias et don Jorge et leur confia que la maladie
de doña Teresa prenait son principe dans le
cœur. Ce fait lui avait été démontré jusqu'à
l'évidence dès la soirée du 26 mars. Il ajouta
que de telles affections, presque toujours in-
curables, pouvaient se prolonger très longtemps, à force de repos, de bien-être, de

prévenances et de cent autres prodiges...
réalisables seulement par *l'argent*.

— Le 26 mars !... murmura le capitaine.
C'est-à-dire que tout cela est arrivé par ma
faute !

— Ou par la mienne ! dit Angustias comme
se parlant à elle-même.

— Ne cherchez pas ainsi la cause des
causes, exposa mélancoliquement le bon
docteur Sánchez. Pour qu'il y ait faute, il
faut qu'il y ait intention, et vous êtes tous
deux incapables d'avoir voulu faire du mal à
doña Teresa.

Les deux amnistiés se regardèrent avec une
innocente surprise en voyant la Science se
donner tant de peine pour arriver à des dé-
ductions, ou si évidentes, ou si impies ; et,
ramenant aussitôt leurs pensées sur l'objet
qui importait le plus en ce moment, ils se
dirent d'un même accord :

— Il faut la sauver !

C'était là un commencement d'entente.

VI

CATASTROPHE

Après le départ du médecin, et à la suite d'un long débat, il fut décidé que le lit de la veuve serait établi dans le *cabinet*, situé, comme nous l'avons expliqué ailleurs, précisément en face de l'alcôve, à l'autre extrémité du salon.

— De cette façon, déclara très prudemment Angustias, vous pourrez vous voir et bavarder entre malades, tandis qu'il sera très facile, tant à Rosa qu'à moi, de vous soigner tous deux en même temps, en veillant chacune à notre tour dans l'appartement intermédiaire.

Cette nuit-là, Angustias fut de garde, mais il ne se produisit rien de particulier. Doña Teresa se sentit beaucoup plus calme, et, vers le matin, elle dormit plus d'une heure. Le médecin la trouva sensiblement mieux, et comme la journée se passa sans incident, Angustias, cédant aux tendres instances de sa mère et aux ordres impérieux du capitaine, quitta ses deux malades pour prendre un peu de repos. Il était deux heures après minuit quand Rosa vint reprendre son poste d'infirmière dans le même fauteuil, la même position, et avec les mêmes ronflements que le soir mémorable où fut blessé don Jorge.

Vers trois heures et demie, notre artificieux héros, qui ne dormait nullement, entendit doña Teresa respirer péniblement et prononcer son nom d'une voix sourde et entrecoupée.

— Voisine, est-ce que vous m'appelez?... demanda le jeune homme en dissimulant son inquiétude.

— Oui, capitaine, répondit la malade. Réveillez Rosa tout doucement afin que ma fille ne puisse entendre. Je ne puis élever la voix.

— Mais qu'y a-t-il ? Iriez-vous moins bien ?...

— Je suis très mal ! et je désire vous parler avant de mourir... Que Rosa vous aide et traîne jusqu'ici votre fauteuil roulant... Mais faites en sorte que ma pauvre Angustias ne soit pas réveillée...

Le capitaine exécuta point par point ce que désirait doña Teresa et se trouva bientôt au chevet de son lit.

La pauvre vieille avait une fièvre très violente et semblait sur le point d'étouffer. Déjà le signe caractéristique de la mort contractait son visage livide.

Le capitaine eut peur pour la première fois de sa vie.

— Laisse-nous, Rosa... mais ne dis rien à la señorita Augustias... Dieu permettra que

je vive jusqu'à l'aube pour que je puisse
alors lui dire un dernier adieu... Vous, capitaine... écoutez !... Je me meurs !...

— Que parlez-vous de mourir, señora? répondit don Jorge en serrant la brûlante main
de la malade. C'est une crise semblable à
celle d'hier soir... Et d'ailleurs, je ne veux
pas que vous mouriez, moi !...

— Je me meurs, capitaine... Je le sens !...
Il était bien inutile d'appeler le médecin...
C'est un confesseur qu'il me faut... cela oui...
au risque d'affliger ma pauvre enfant... Mais
pas avant que je vous aie tout dit... car le plus
urgent est que nous causions sans témoins...

— Eh bien ! causons donc, reprit le capitaine en étirant ses moustaches pour se dis-
traire de sa terreur. Demandez-moi le peu du
mauvais sang qui me restait quand j'entrai
sous ce toit, et toutes les forces que j'ai re-
couvrées par vos soins... je vous les donne-
rai avec bonheur !...

— Je le sais... je le sais, mon ami... Vous

êtes homme d'honneur et vous nous affec-
tionnez... Aussi, vous saurez tout, mon bien
cher capitaine... Mon avoué vint me dire hier
soir que le gouvernement avait refusé ma
pension de veuvage.

— Mille diables !... Et c'est pour une telle
vétille que vous vous tourmentez à ce point?...
Le gouvernement m'a refusé bien d'autres
requêtes !...

— Je ne suis plus ni comtesse, ni générale... continua la veuve. Vous aviez bien raison de me contester ces titres !

— Cela n'en vaut que mieux ! — Moi non
plus, je ne suis ni général, ni marquis, et
mon grand-père a été l'un et l'autre. Nous
sommes donc égaux.

— Bien ! mais la conclusion est que je... je
suis complètement ruinée? Mon père et mon
mari ont dépensé, pour don Carlos, tout ce
qu'ils possédaient... J'ai vécu jusqu'ici de la
vente de mes bijoux, et il y a huit jours que
j'ai vendu le dernier... un très beau collier

de perles... Je rougis de devoir vous parler de telles misères...

— Parlez-en, señora, parlez-en !... Qui n'a connu ces ennuis !... Si vous saviez dans quelles transes m'a jeté ce scélérat de *Tute* !...

— Mes transes, à moi, n'ont plus de remède ! Toutes mes ressources et tout l'avenir de ma fille reposaient sur cette viduité qui se serait convertie plus tard en pension d'orphelinat pour Angustias... Et aujourd'hui... la malheureuse n'a ni avenir, ni présent, ni l'argent nécessaire à mes funérailles... Car il faut savoir que l'avocat chargé de mes intérêts, blessé dans son amour-propre par le dédain de la pauvre enfant, ou désireux d'augmenter notre infortune pour forcer la volonté d'Angustias, et pour l'épouser malgré elle,... m'a envoyé avant-hier, en même temps que la fatale nouvelle, le compte de ses honoraires... L'avoué m'apportait aussi le sien, et il me tint au nom de l'avocat un si cruel langage... il prononça de si terribles paroles... « méfiance... insolvabilité... exécution... » et je ne sais quoi encore... que je ne vis plus rien autour de moi. Je pris dans mon tiroir et je lui remis tout ce qu'il me demandait, c'est à dire tout ce qui me restait, ce qu'on m'avait payé le collier de perles, mon dernier denier, mon dernier morceau de pain... Ainsi donc, Angustias est depuis avant-hier aussi pauvre que les mendiants de la rue... Et elle l'ignore, elle dort tranquille en ce moment ! Comment pourrais-je ne pas mourir?... Je suis étonnée de n'être pas morte sur le coup, l'autre soir !

— C'est qu'on ne meurt pas pour si peu de chose, répliqua le capitaine, avec une sueur froide, mais avec la plus noble effusion... Vous avez très bien fait de me dire tout cela... Je me résignerai à vivre au milieu des jupons comme un aumônier de couvent ! C'était écrit !... Dès que j'irai mieux, je ferai apporter de chez moi, ici, mon linge, mes armes et mes chiens, et nous vivrons tous ensemble, jusqu'à la consommation des siècles...

— Ensemble !... répondit amèrement la Guipuzcoane. Vous ne voyez donc pas que je meurs ? Vous ne le voyez pas... Croyez-vous que je vous eusse jamais parlé de mes embarras pécuniaires si je n'étais sûre de mourir dans quelques heures ?

— Alors, señora... qu'attendez-vous de moi ? demanda don Jorge terrorisé ; car il est certain que, pour me faire l'honneur et le plaisir de m'emprunter ou de me charger d'emprunter à mon cousin, cette misérable boue qu'on appelle l'argent, vous ne vous fatigueriez pas comme vous le faites. Vous savez trop bien quelle estime nous professons à votre égard ; et, nous connaissant, comme je crois que vous nous connaissez, comment voulez-vous que de mon vivant l'argent vous fasse défaut ? — Il faut donc que vous ayez à

me demander autre chose... et je vous supplie, avant d'ajouter un mot de plus, de
songer à la solennité du moment et à d'autres
considérations très graves...

— Je ne vous comprends pas... et je ne sais
pas moi-même ce que je pourrais désirer,
répondit doña Teresa avec la simplicité d'une
sainte. Mais, mettez-vous à ma place. Je
suis mère !... j'adore ma fille. Je vais la laisser seule au monde. Je ne vois autour de
moi, en cet instant suprême... je ne vois
sur la terre personne à qui je puisse la recommander... si ce n'est vous, qui, en dépit
de tout, lui avez témoigné quelque affection... En vérité, je ne sais trop ce que vous
pourrez faire pour elle... L'aumône *seule*
est froide, répugnante, horrible!... Moins
horrible encore pourtant que l'obligation
pour ma pauvre Angustias de gagner sa vie
de ses mains, de servir chez les autres, de
demander la charité!... Cela vous explique
donc que, sentant la mort venir, je vous aie

appelé pour vous dire adieu, et que, vous im-
plorant pour la dernière fois de ma vie, je vous
dise les mains jointes, avant de franchir le
seuil de ma tombe : « Capitaine, soyez le
tuteur, le père, le frère de ma pauvre orpheline !... Secourez-la, soutenez-la ! Défendez
son honneur et sa vie !... Faites qu'elle ne
meure ni de faim, ni de douleur !... qu'elle
ne soit pas abandonnée en ce monde !... Figurez-vous qu'aujourd'hui une enfant vous
est née !... »

— Dieu soit loué ! s'écria don Jorge, tapo-
tant amicalement les bras de son fauteuil.
Je ferai pour Angustias tout cela, et beaucoup plus encore !... Mais j'ai passé un cruel
moment !... je croyais que vous alliez me demander d'épouser la petite !...

— Señor don Jorge de Cordoba ! aucune
mère n'a jamais demandé cela !... Et ma
noble Angustias ne tolèrerait point que j'eusse
disposé de son cœur fier et courageux !

Et doña Teresa prononça ces paroles avec

une telle majesté que le capitaine en resta glacé d'effroi.

Le pauvre diable finit cependant par se remettre ; et ce fut avec l'humilité du plus tendre des fils qu'il s'excusa, tout en couvrant de baisers les mains de la moribonde :

— Pardon ! Señora !... pardon ! Je suis un insensé !... un monstre !... un homme sans éducation qui ne sait pas s'expliquer !... Mon dessein n'était pas de vous offenser, et Angustias non plus !... Je voulais vous avertir loyalement que vous auriez rendu malheureuse cette belle jeune fille, modèle de toutes les vertus, si vous l'aviez obligée à se marier avec moi. Je ne suis pas né pour aimer, ni pour qu'on m'aime ; non plus que pour vivre en société, pour avoir des fils, ni pour rien de ce qui est douceur, tendresse et affection... Je suis aussi indépendant qu'un sauvage, qu'une bête féroce, et le joug du mariage m'humilierait, me désespérerait, me ferait bondir jusqu'au ciel. — D'ailleurs,

elle ne m'aime pas !... je ne le mérite point !
il n'y a donc pas lieu de parler de cette affaire ! — En revanche, faites-moi la grâce de
croire, — par ces larmes, les premières que
j'aie versées depuis que je suis parvenu à
l'âge d'homme, et par ces premiers baisers
de mes lèvres ! — que tout ce que je pourrai
réaliser en ce monde, que tous mes soins,
toute ma vigilance, tout mon sang appar-
tiendront à Angustias que je respecte, que
j'aime, que je chéris... à Angustias qui a
sauvé ma vie !... et mon âme aussi peut-être !
— Je le jure par cette médaille bénite que
portait toujours ma pauvre mère !... Je le
jure sur... — Mais ne m'écoutez-vous plus !...
Vous ne répondez pas ! Vous ne me regardez
point !... Señora !... Générale !... Doña Teresa !... Êtes-vous plus mal ?... Ah ! mon
Dieu !... on dirait qu'elle est déjà morte !...
Diables et démons !... et je ne puis me re-
muer !... Rosa ! Rosa !... de l'eau, du vinaigre !... un prêtre !... une croix !... je lui ferai

comme je pourrai les prières de l'agonie!...
Ah ! j'ai ici ma médaille... Très sainte Vierge,
daigne recevoir ma seconde mère!... Et à
présent... me voilà bien, Seigneur!... Pauvre
Angustias !... pauvre moi! C'était bien la
peine de poursuivre les insurgés pour en
arriver où nous sommes!...

Toutes ces exclamations n'étaient que trop
justifiées ! Doña Teresa venait d'expirer,
tandis que le capitaine Hérisson couvrait ses
mains de baisers et de larmes. Mais sur les
lèvres entr'ouvertes de la morte errait encore
un sourire de suprême félicité...

VII

LES PRODIGES DE LA DOULEUR

Angustias fut réveillée en sursaut par les cris de consternation de son hôte et les gémissements de la servante. Elle accourut à demi vêtue, et pleine de terreur, vers la chambre de sa mère... mais elle trébucha contre le fauteuil roulant placé en travers de l'entrée, tandis que don Jorge, les bras étendus et les yeux hors de leur orbite, lui barrait le passage en criant :

— N'entrez pas, Angustias !... n'entrez pas ou je vais me lever, dussé-je en mourir !

— Ma pauvre maman !... mère chérie de

mon cœur ! Laissez-moi voir ma mère !... gémit l'infortunée en s'efforçant d'avancer.

— Angustias !... au nom de Dieu, n'entrez pas *maintenant !* — Bientôt, nous irons ensemble... Laissez reposer un instant celle qui a tant souffert !

— Ma mère est morte !... cria la pauvre fille en tombant à genoux auprès du fauteuil du capitaine.

— Ma pauvre enfant !... pleure avec moi toutes tes larmes, répondit don Jorge, en attirant contre son cœur la tête de l'orpheline et lui caressant les cheveux. Pleure, avec celui qui n'avait jamais connu les pleurs, et qui maintenant pleure pour toi... pour *elle !*

Une telle émotion était si prodigieuse de la part d'un homme pareil, qu'en dépit de son affreuse douleur, Angustias ne put faire autrement que d'en ressentir une certaine gratitude ; elle le remercia en laissant sa main s'appuyer sur son cœur.

Et pendant un moment, ces deux êtres que le bonheur n'avait pu rapprocher restèrent embrassés dans l'étreinte de leur douleur commune.

QUATRIÈME PARTIE

De Puissance à Puissance.

I.

OU LÉ CAPITAINE DÉBUTE DANS LE MONOLOGUE

— Quinze jours après les obsèques de doña Teresa Carillo de Albornoz, la veille ou l'avant-veille de la Saint-Isidore, et par une splendide matinée de mai, notre ami le capitaine Hérisson, appuyé sur deux élégantes et inégale béquilles d'ébène et d'argent offertes par le marquis de Tomillares, se promenait dans le salon de la maison mortuaire.

Le dorloté convalescent paraissait très agité, et bien qu'il ne se trouvât ni dans le cabinet, ni dans l'alcôve, personne à portée de l'entendre, il parlait de temps en temps à demi-voix, avec son impatience et sa mauvaise grâce coutumières.

— Rien!... Rien!... C'est trop clair! s'écriat-il finalement en s'arrêtant court au milieu de l'appartement. La chose est sans remède! Je marche parfaitement! Et je crois même que je marcherais mieux encore sans ces bâtons ridicules... — C'est-à-dire que je puis déjà retourner dans mon logis..

Il s'ébroua fortement comme pour soupirer à sa manière et murmura sur un autre ton :

— *Je puis !*... J'ai dit que *je puis !*... — Et qu'est-ce que *pouvoir ?*... — Autrefois, je pensais que l'homme pouvait tout ce qu'il voulait, et je m'aperçois à présent qu'il ne peut pas même vouloir ce qui lui plaît... Ces gredines de femmes !... Je les ai redoutées depuis que je suis né ! Je me figurais tout cela, à merveille sitôt que je me trouvai entouré de jupons, le 26 mars dernier ! — Quelle inutile précaution prit mon père lorsqu'il me donna une chèvre pour nourrice ! Je n'en suis pas moins arrivé, envers et malgré tout, à tomber entre les mains des bourreaux femelles qui conduisirent ce pauvre homme au suicide !... Mais... je m'en échapperai, dussé-je laisser mon cœur entre leurs griffes.

Il jeta un regard sur la pendule, soupira de nouveau et reprit très doucement comme eu se défiant de lui-même :

— Onze heures et quart ! et je ne l'ai pas encore vue, bien que je sois levé depuis six heures du matin !... Qu'est devenu le temps où elle m'apportait le chocolat et jouait au *tute !*

Maintenant, chaque fois que je crie, c'est la Galicienne qui arrive... — Je voudrais la voir crevée « *cette si digne servante !* » comme l'appelle mon nigaud de cousin !...

Mais heureusement, midi arrive, et l'on m'appellera pour déjeuner... J'irai à la salle à manger pour y rencontrer une fois de plus une statue en habits de deuil; laquelle ne parle, ne rit, ne pleure, ne mange ni ne boit, et ne sait rien de ce qui se passe. Elle ne se doute pas plus de ce que sa mère m'a dit l'autre nuit que de ce qui va arriver, si Dieu n'y met remède... — Cette grande orgueilleuse croit être dans sa maison et ne désire rien tant que de me voir guéri et parti, de peur que ma société ne lui nuise dans l'opinion du monde! — La malheureuse! Comment la tirer de son erreur?... Comment lui dire que je la trompe? que sa mère ne m'a remis aucun argent, et que c'est de ma propre bourse que sort tout ce qu'on dépense depuis quinze jours?... — Ah! pour ça, non! Je me ferais tuer avant de lui dire pareille chose! — Mais, comment faire?... Comment éviter de lui rendre des comptes vrais ou simulés?... Continuer ainsi indéfiniment?...

— Jamais elle n'y consentira ! Elle me mettra en demeure lorsqu'elle aura calculé que la réserve dont elle me croit dépositaire doit être à peu près épuisée, et alors il arrivera dans cette maison ce que Dieu ni le Christ ne peuvent...

A ce point de son soliloque, Don Jorge de Cordoba entendit résonner à l'entrée du salon quelques légers coups, aussitôt suivis de cette question d'Angustias :

— Peut-on entrer ?

— Entrez !... quand vous viendriez avec un régiment de cinq mille chevaux !... cria le capitaine, fou de joie, courant ouvrir la porte, et oubliant à la fois réflexions et alarmes. — Il n'était que temps que vous vinssiez me faire, comme jadis, votre visite !... Vous avez là un ours en cage, mourant d'ennui et d'envie de se battre contre quelqu'un ! Voulez-vous que nous fassions une partie de *tute* ?... — Mais... qu'est-ce donc ?... Pourquoi me regardez-vous avec des yeux pareils ?

— Asseyons-nous et causons, capitaine...
répondit gravement Angustias dont le charmant et pâle visage exprimait la plus profonde émotion.

D. Jorge tordit ses moustaches, comme il faisait chaque fois qu'une tempête était proche, et il s'assit sur le bord d'un fauteuil, regardant à droite et à gauche, avec la physionomie troublée d'un criminel à l'heure de son exécution.

La jeune fille prit un siège à côté de lui ; elle réfléchit quelques instants comme pour réunir des forces dans l'attente de la bourrasque prévue, et dit enfin avec une extrême douceur :

II

BATAILLE RANGÉE

— Señor de Cordoba, le jour où mourut
ma mère vénérée, lorsqu'après l'avoir en-
sevelie, je cédai à vos instances en rentrant
dans ma chambre pour vous laisser veiller
seul près du lit mortuaire avec une pitié et
une vénération que je n'oublierai jamais...

— Bah!... laissez ce sujet, Angustias!... Ne
rappelez pas ces tristesses... Regardez l'ennemi en face!... Vons avez assez de courage pour surmonter vos chagrins !

— Vous savez bien que je n'ai pas manqué
d'énergie jusqu'à ce jour... répondit la jeune
fille avec plus de calme. — Mais il ne doit pas

être question maintenant de ce regret, com-
pagnon constant de ma vie, souffrance trop
chère à mon cœur pour que je cherche à en
guérir jamais... Il s'agit de difficultés d'une
autre nature, qui, heureusement, peuvent
être éclaircies et seront bientôt totalement
écartées...

— Dieu le veuille!... supplia le capitaine
qui sentait l'orage tout près d'éclater.

— Je disais, poursuivit Angustias, que, ce
matin-là, vous me parlâtes, ou peu s'en faut,
en ces termes : « *Mon enfant!...* »

—Diantre!... De quelles sottises un homme
n'est-il pas capable en pareils moments?...
Moi! Je vous ai appelée *mon enfant?*...

— Laissez-moi achever, señor Don Jorge.
« Mon enfant, — me dites-vous, avec un accent
qui m'émut jusqu'au fond de l'âme, vous
ne devez penser en ce moment qu'à pleurer
votre mère et à prier pour elle! — Sachez que
j'ai assisté cette sainte femme à ses derniers
moments... C'est ainsi qu'elle m'a mis au

courant de toutes ses affaires et qu'elle m'a remis tout l'argent dont elle disposait, afin que je paye l'enterrement, le deuil, etc., et qu'elle m'a, en outre, nommé votre tuteur pour délivrer de semblables soins votre première douleur... Plus tard quand vous serez un peu calmée, nous réglerons les comptes...»

— Eh ! quoi?... interrompit le capitaine, fronçant les sourcils comme s'il lui suffisait de prendre un air bien terrible pour changer la réalité des choses. — N'ai-je pas bien rempli de tels mandats? Ai-je fait quelque folle dépense? Croyez-vous que j'aie gaspillé la succession? N'était-il pas juste de faire à une dame d'un rang aussi illustre des obsèques de première classe?... Quelque tracassier sera peut-être venu me blâmer auprès de vous d'avoir fait graver sur la pierre de sa tombe ses titres de *générale* et de *comtesse!*... Mais ceci n'a été qu'un caprice personnel qui ne regarde que moi, et je me proposais de vous demander la faveur de le payer à mes frais ! —

Je n'ai pu résister à la tentation de procurer à ma noble amie le plaisir et l'orgueil de porter parmi les morts les titres que lui ont interdit les vivants.

— J'ignorais l'histoire de cette pierre... dit Angustias avec l'accent d'une religieuse gratitude, en retenant la main que Don Jorge s'efforçait de retirer. Que Dieu vous le rende ! J'accepte ce don pour ma pauvre mère et pour moi !... Mais malgré tout cela, vous avez mal fait — on ne peut plus mal ! — en me trompant sur beaucoup d'autres points. Si j'en avais été plus tôt informée, je serais aussi venue bien plus tôt vous en demander compte.

— Et pourra-t-on savoir, ma bien chère señorita, en quoi je vous ai trompée ?... demanda Don Jorge avec un redoublement d'audace ; persuadé qu'il était que les choses confiées à lui seul par Doña Teresa, à l'heure de sa mort, ne pouvaient être connues de sa fille.

— Vous m'avez trompée dès cette fatale

matinée... répondit sévèrement la jeune fille; quand vous m'avez dit avoir reçu de ma mère je ne sais quelle somme...

— Et qu'est-ce qui autorise Votre Grâce à traiter avec cette désinvolture un capitaine de l'armée... un homme d'honneur... un Aragonais de mon rang?... cria Don Jorge avec une violence feinte, comme s'il comptait se tirer à meilleur marché d'un si mauvais pas par le moyen d'une querelle.

— Je m'autorise, répondit paisiblement Angustias, de la certitude acquise depuis peu, que ma mère ne possédait plus rien absolument le jour où elle tomba malade.

— Comment, rien?... Ces petites filles veulent toujours tout savoir!... Mais vous ignorez que doña Teresa venait précisément de vendre un bijou de très grande valeur?...

— Pardon... pardon... je le sais! Un tour de perles avec agrafes de brillants dont on lui donna cinq cents douros (1).

(1) 2,500 francs.

— Tout juste !... Un tour de perles grosses comme des noix... dont le prix est loin d'être épuisé... — Voulez-vous que je vous le remette tout de suite ?... Désirez-vous déjà vous charger seule de l'administration de votre bien ?... Vous jugez donc ma tutelle bien mauvaise ?...

— Que vous êtes bon ! capitaine !... mais que vous êtes imprudent ! reprit la jeune fille. Lisez donc cette lettre qui m'arrive à l'instant ; vous y verrez où se trouvaient les cinq cents douros le soir même où ma mère tomba, blessée à mort...

Le capitaine devint aussi rouge qu'un coquelicot, mais il parvint à dominer sa faiblesse, et s'écria en affectant la plus grande fureur :

— C'est-à-dire que je mens !... C'est-à-dire que ce sale papier mérite plus de créance que ma parole !... Voilà de quoi me sert toute une vie d'honnêteté au cours de laquelle j'ai tenu mes serments avec une fidélité de roi !...

— Tout cela sert, señor don Jorge, à augmenter ma reconnaissance, puisque c'est pour moi, et seulement pour moi, que vous avez failli à cette noble coutume...

— Voyons donc ce que contient cette lettre!.. s'écria le capitaine, dans l'espoir d'y découvrir un moyen de dénouer honorablement la situation. — Des contes ridicules, sans doute?...

La lettre émanait de l'avocat ou assesseur de la défunte générale, et était ainsi conçue :

« Señorita doña Angustias Barbastro,

» Je viens d'apprendre indirectement la triste nouvelle du décès de la señora, votre mère (que Dieu ait admise en sa gloire !) et je m'associe à votre légitime douleur. Je vons souhaite la force physique et morale nécessaire pour résister à l'inoubliable et cruelle blessure infligée à votre cœur par le Pouvoir qui règle les destinées humaines.

» Ce que je dis n'est point une formule de vaine courtoisie, mais l'expression du sentiment, déjà ancien et d'autant mieux connu, qui m'anime à votre égard. Il me reste, après vous l'avoir ainsi témoigné, à remplir près de vous un devoir non moins sacré qui consiste en ce que je vais dire :

» L'avoué ou agent d'affaires de votre défunte mère m'a dit aujourd'hui, en m'annonçant votre malheur, que lorsqu'il y a quinze jours environ, il se présenta chez vous pour informer sa cliente de la solution défavorable donnée à sa requête et pour lui remettre en même temps la note de nos honoraires, il eut l'occasion de comprendre que la señora possédait à peine la somme nécessaire pour les acquitter. Et malheureusement, elle crut devoir tout payer sur l'heure, avec une précipitation dans laquelle je crus reconnaître de nouvelles marques de l'amer dédain montré par vous autrefois...

» Maintenant donc, ma chère Angustias, je me sens très tourmenté en pensant aux épreuves et à la gène qui peuvent rendre plus

douloureuses pour vous ces tristes circonstances, grâce à l'empressement exagéré
qu'apporta votre mère à me faire tenir cette
somme (prix réduit des six requêtes dont je
lui ai soumis le projet, et laissé copie con-
forme). Je n'attends que votre consentement
probable pour vous retourner cet argent et
y ajouter tout ce qui peut vous être nécessaire avec tout ce que je possède.

» Ce n'est pas ma faute si, pour vous faire
agréer cette offrande, je n'ai pas de titre
meilleur à invoquer qu'une notoriété insuffi-
sante et un amour aussi profond que mé-
connu. Je ne vous supplie pas moins de l'accepter, en bonne forme, comme venant de
votre meilleur et très amoureux ami, du
fidèle et bien dévoué serviteur prosterné à
vos pieds.

» Tadeo Jacinto de Pajares. »

— Voilà un avocat à qui je vais aller tout
droit couper le cou !... s'écria don Jorge en

brandissant la lettre au-dessus de sa tête. Aura-t-il été assez infâme !... assez juif !... assez canaille !... Il a assassiné la bonne señora en lui parlant d'insolvabilité et d'exécution à propos de ses honoraires, pour l'obliger à lui accorder votre main, et aujourd'hui, il tente d'acheter votre consentement avec le même argent qu'il a exigé de votre mère pour avoir perdu son procès !... C'est bon ! c'est bon !... Voyons, débarrassez-moi de ces béquilles. — Rosa, mon chapeau !... que dis-je ?... cours chez moi demander qu'on te le donne... ou plutôt apporte mon bonnet d'ordonnance. Il doit se trouver par là, dans l'alcôve... Et le sabre !... — Mais non, pas de sabre ! Ces bâtons suffisent, et au delà, pour lui casser la tête !

— Va-t'en, Rosa... ne fais pas attention à ces plaisanteries du señor Don Jorge, exposa Angustias, tout en déchirant la lettre de l'avocat. — Et vous, capitaine, asseyez-vous et écoutez-moi... je vous en supplie. — Je méprise le seigneur avocat et tous ses millions mal acquis. Je ne lui ai pas répondu et ne lui répondrai pas. — Aussi lâche qu'avare, il s'est imaginé dès le premier jour qu'il lui suffirait de défendre en vain notre mauvaise cause pour parvenir à épouser une femme de mon caractère... — Ne parlons plus, ni maintenant, ni jamais, de cet indigne vieillard!...

— Bien! Alors ne parlons pas non plus d'autre chose; appuya l'astucieux capitaine. Et reprenant aussitôt ses béquilles, il s'empressa de reprendre sa promenade comme pour fuir plus tôt la discussion interrompue.

— Mais, mon ami... objecta la jeune fille avec un accent de regret, les choses ne peuvent rester ainsi...

— Fort bien! nous recauserons de cela. Ce qui m'intéresse avant tout pour le moment, c'est le déjeuner, car j'ai une faim cruelle... Ce vieux renard de docteur! m'a-t-il laissé la jambe assez tordue?... Je marche comme un daim!... Dites donc un peu, visage céleste... quel est le quantième aujourd'hui ?

— Capitaine !... s'écria Angustias sérieusement contrariée, je ne quitterai pas cette
chaise avant que vous m'ayez entendue et
que nous ayons résolu la question qui m'a
amenée ici !

— Quelle question ?... Laissez... je n'entends plus rien à ces chansons !... Et à propos de chansons, je vous jure de ne plus chanter de ma vie la jota aragonaise !... Pauvre
générale ! comme elle riait en m'écoutant.

— Señor de Cordoba !... reprit Angustias
avec une amertume plus marquée, je vous
conjure de nouveau de prêter quelque attention à une affaire où mon honneur et ma dignité peuvent être compromis !...

— Vous n'avez rien de compromis à mes
yeux, répondit Don Jorge, faisant avec la
plus courte des béquilles le geste de tirer
au fleuret. A mes yeux, vous êtes la femme
la plus digne et la plus honorable que Dieu
ait pu créer !

— Il ne suffit pas d'être telle pour vous! Il faut inspirer la même opinion à tout le monde!... Asseyez-vous donc et écoutez-moi, ou je vais envoyer chercher votre seigneur cousin; il se chargera sans doute, en sa qualité d'homme consciencieux, de mettre un terme à la situation honteuse où je me trouve.

— Je vous ai dit que je ne m'assiérai pas ! Je suis rassasié de lits, de fauteuils et de chaises... Vous pouvez tout de même parler tant qu'il vous plaira... répliqua Don Jorge cessant ses tentatives d'escrime, mais ne se tenant pas moins en première garde.

— Je ne vous dirai plus que peu de chose... articula Angustias en reprenant une plus grave intonation; mais si peu que j'aie à vous dire... vous devez l'avoir compris dès le premier moment. — Señor capitaine, il y a quinze jours que vous supportez à vous seul les dépenses de cette maison; c'est vous qui avez payé les funérailles de ma mère, vous qui avez fait les frais de mon deuil ; vous qui

m'avez donné le pain qui m'a nourrie... Je ne
puis maintenant vous rendre ces avances que
j'acquitterai avec du temps... mais sachez
bien que dès cet instant même...

— Tonnerres et canons !... Me payer !...
vous !... *Me payer... Elle !...* cria le capitaine
avec autant de douleur que de furie ; et brandissant ses deux béquilles au risque de crever
le plafond : Cette femme veut me tuer !...
Voilà pourquoi elle voulait que je l'écoute !...
Mais je ne vous écoute plus ?... Pour le coup,
la conférence est bien close !... Rosa, le
déjeuner !... Señorita, je vous attendrai dans
la salle à manger... Daignez m'octroyer la
faveur de ne vous pas trop faire attendre.

— Vous avez une belle idée du respect dû
à la mémoire de ma mère !... Est-ce ainsi que
vous pensez accomplir le mandat qu'elle
vous a confié de protéger une pauvre orpheline !... Vous prenez un fameux intérêt à ce
qui touche mon honneur et mon repos !...

Et Angustias articula ces reproches avec

une telle autorité que Don Jorge s'arrêta net,
comme un cheval dont on serre le mors.

Il regarda un moment la jeune fille, jeta
les béquilles loin de lui, revint s'asseoir dans
le fauteuil, se croisa les bras et dit enfin :

— Parlez... jusqu'à l'éternité !

— Je disais... continua Angustias avec
plus de calme, que l'absurde situation créée
par votre générosité imprudente cessera
aujourd'hui même. Vous êtes guéri, vous
pouvez rentrer dans votre domicile...

— Bel arrangement !... interrompit don
Jorge portant brusquement la main sur sa
bouche comme pour retenir cette réflexion.

— C'est le seul possible !... répliqua Angustias...

— Et que ferez-vous ensuite, créature de
Dieu ?... Vous vivrez d'air pur, comme les
caméléons ?

— Moi... vous ne le pensez pas ?... je ven-
drai à peu près tous les meubles et le linge
de la maison...

— Ils valent bien quatre cuartos (1)!... interrompit de nouveau don Jorge en promenant un regard de dédain sur les murs de l'appartement ; il est vrai qu'ils pourraient être plus cassés...

— Ils vaudront ce qu'ils pourront, reprit l'orpheline avec mansuétude. Cela suffira pour que je ne vive plus à vos dépens.....ou des charités de votre noble cousin.

— Ah ! pour cela, non !... Bagatelle !... ça, non !... Mon cousin n'a rien payé du tout, rugit le capitaine avec la plus noble fierté. — Il n'aurait plus manqué que cela, moi vivant encore en ce monde ! Il est certain que ce pauvre Alvaro... — je ne veux point lui enlever ce mérite ! — il est vrai qu'il fit toutes les offres possibles dès qu'il connut la triste nouvelle, et par conséquent, avec une magnificence que vous ne pourriez imaginer... Mais je lui répondis que la fille de la com-

(1) Quatre sous.

tesse de Santurce ne *pouvait accepter*, — ou pour mieux dire, — ne *devait accorder*, — qu'au tuteur choisi par sa défunte mère, c'est-à-dire à don Jorges de Cordoba, ici présent, la faveur d'agréer quelque secours. Le brave homme goûta cette raison et je n'ai plus eu depuis lors qu'à lui demander quelques avances, (quelques maravédis!...) à prélever sur mes appointements de comptable. En conséquence, vous pouvez vous tranquilliser à ce sujet, senorita doña Angustias, bien que vous ayiez plus d'orgueil que don Rodrigo le pendu.

— Cela revient au même pour moi, balbutia la jeune fille. Vous ou lui... je m'empresserai de payer dès que...

— Quand? *dès que?*... Voilà toute la question. Dites-moi quand, s'il vous plaît!

— *Hombre!*... dès que, à force de travail, et avec l'aide du Dieu miséricordieux, j'aurai trouvé une issue dans cette vie...

— Des chemins, des canaux et des ports!...

grommela le capitaine. Voyons señora, ne dites pas de sottises ! Travailler, vous ! avec ces petites mains si gentilles que je ne me lassais pas d'admirer quand nous jouiions au *tute*. Mais pourquoi donc serais-je venu au monde, moi, si la fille de dona Teresa Carrillo, — de mon unique amie ! — devait manier l'aiguille, ou le diable ! pour gagner un morceau de pain.

— Laissez au temps le soin de calmer le souci ! répliqua Angustias en baissant les yeux. Mais, en attendant, nous décidons que vous me ferez la faveur de partir aujourd'hui même... Vous partirez, n'est-ce pas ?

— Voilà qui s'appelle parler pour ne rien dire ! Et pourquoi en cela serait-il ainsi ? pour quoi m'en irais-je, si je ne me trouve pas mal ici ?

— Parce que vous voilà guéri ; vous pouvez marcher dans la rue, aussi bien que dans la maison, et l'on trouverait mauvais que vous persistiez à vivre sous ce toit !

— Mais... supposez que cette maison soit

une maison meublée !... C'est dit ! voilà qui
arrange tout ! Vous n'avez plus, ainsi, à
vendre ni meubles, ni rien. Je vous paie ma
pension !... Vous prenez soin de moi ? et... à
la grâce de Dieu !... Avec les deux soldes que
je cumule, il y a plus qu'il ne faut pour que
nous nous tirions tous d'affaire... d'autant
mieux qu'à l'avenir on n'aura plus à me poursuivre pour indiscipline, et que je n'irai plus
rien perdre au *tule*, si ce n'est la patience... comme lorsque vous me gagnez plusieurs parties suivies... Sommes-nous d'accord ?...

— Ne dites pas de folies, capitaine, répondit mélancoliquement la jeune fille. Vous
n'êtes point venu sous ce toit comme pensionnaire, et personne ne croirait que vous y
restez en cette qualité. D'ailleurs je n'y
saurais consentir... Je n'ai ni l'âge ni la
condition convenables à une maîtresse d'hô-
tel. Je préfère gagner ma journée avec la
couture et la broderie.

— Et moi, je préfère qu'on me pende !
beugla le capitaine.

— Vous êtes compatissant ; poursuivit
l'orpheline, et je vous remercie de toute
mon âme pour le regret que vous cause l'impossibilité de me venir en aide. Mais, telle
est la vie, tel est le monde ; telle, la loi de la
société.

— Que m'importe la société ?...

— Cela importe beaucoup à mes yeux, et
entre autres raisons, parce que je vois dans
sa loi un reflet de la loi divine.

— D'après cela c'est donc la loi divine qui
m'empêche de soutenir qui bon me semble...

— Certainement, capitaine, par suite de ce
fait très ordinaire que la société se subdivise
en familles.

— Je n'ai pas de famille, et en conséquence,
je puis disposer librement de mon argent !...

— Mais moi, je ne dois point l'accepter.
La fille de l'honnête homme qui portait le
nom de Barbastro et de l'honnête femme hé-

ritière du nom de Carillo ne peut vivre aux dépens de qui que ce soit...

— Alors, je suis pour vous un *n'importe qui!*...

— Un *n'importe qui*, pris parmi les pires. . pour le cas dont il s'agit; étant admis que vous êtes célibataire, jeune encore, et pas du tout un saint... ou réputé tel, tout au moins.

— Ecoutez bien ceci, señorita, dit résolument le capitaine, après avoir fait une pause comme pour résumer et conclure une discussion très ardue; — écoutez. Pendant la nuit où j'assistai votre mère mourante, je lui déclarai honnêtement, et avec mon habituelle franchise, afin que la bonne dame fût bien au courant des choses jusqu'à ses derniers moments, — que moi, le capitaine Hérisson, se résignerait à tout en ce monde, excepté à avoir une femme et des enfants. Faut-il parler plus clairement encore ?

— Que me racontez-vous là ? demanda Angustias avec autant de dignité que de grâce.

Croiriez-vous, par hasard, que je suis venue solliciter indirectement votre blanche main?

— Non, señora, se hâta de répondre don Jorge, en rougissant jusqu'au blanc des yeux. Je vous connais trop bien pour tomber en pareille faute ! Et de plus, on sait avec quel dédain vous avez repoussé des prétendants millionnaires, par exemple l'avocat, signataire de la fameuse lettre... Que dis-je? Doña Teresa me fit une réponse identique à la vôtre quand je lui révélai mon inflexible résolution de ne me marier jamais. — Mais je vous parle de cela afin que vous ne preniez pas en mauvaise part, et que vous ne soyez pas trop surprise si, vous estimant comme je vous estime, et vous chérissant comme je vous chéris... c'est-à-dire infiniment plus que vous ne le croyez ! — je tranche dans le vif en vous disant : — Trêve de superfluités, ma chère âme !... Marions-nous... et vivons en paix ici-bas en attendant la gloire éternelle !

— C'est qu'il ne suffit point que *vous* disiez ces choses, répondit la jeune fille avec une héroïque froideur. Il faudrait au moins que vous ne me déplaisiez pas...

— Nous y voilà donc! brama le capitaine en bondissant. C'est que probablement je ne vous plais guère?

— D'où faites vous découler cette probabilité, caballero don Jorge? questionna implacablement Angustias.

— Laissez-moi tranquille avec vos probabilités et vos phrases!... cria d'une voix tonnante le pauvre disciple de Mars. Je sais ce que je dis. Ce qu'il y a de sûr, pour parler moins bien mais plus vite, c'est que je ne puis ni vous épouser, ni vivre à côté de vous par quelque autre moyen, ni vous abandonner à votre triste sort... Mais, croyez-moi bien, Angustias; vous n'êtes pas une étrangère pour moi, je ne suis plus un étranger pour vous... et le jour où j'apprendrais que vous travaillez à la journée comme vous l'avez

dit. ou que vous servez dans une maison
étrangère, ou que vous abîmez à coups d'aiguille vos petites mains de nacre... et que
vous souffrez la faim... le froid... le...—Jésus !
je ne veux pas y penser !... — ce jour-là, je
mettrais le feu à Madrid, ou je me ferais
sauter la cervelle ! — Transigez donc, alors ;
et puisque vous ne pouvez accepter que nous
vivions ensemble comme frère et sœur, vu
que le monde souille tout par ses mauvaises
pensées, permettez-moi de vous allouer une
pension annuelle ainsi que les souverains et
les riches en assignent aux personnes dignes
d'aide et de protection...

— Mais en vérité, señor don Jorge, vous
n'avez rien d'un capitaliste ni d'un souve-
rain...

— Bon !... mais vous êtes pour moi une
vraie reine, à qui je dois et désire payer
le tribut volontaire que les fidèles sujets ont
coutume d'offrir aux rois exilés...

— Ne parlons plus de rois et de reines,

mon capitaine, dit Angustias avec le calme du désespoir. Vous n'êtes et ne pouvez être pour moi autre chose qu'un excellent ami du bon vieux temps, dont le souvenir me sera toujours cher. Disons-nous donc adieu, et laissez-moi au moins la dignité dans le malheur.

— C'est cela ! Et moi, pendant ce temps, je me baignerai dans de l'eau de rose, en sachant que la femme qui m'a sauvé la vie, au péril de la sienne, souffre les misères de Caïn... J'aurai la satisfaction de penser que l'unique fille d'Ève qui ait pu me plaire, que j'ai aimée, que... que j'adore de toute mon âme, manque des choses les plus nécesssires, travaille pour manger un pain insuffisant ; qu'elle vit dans un taudis loin de mon secours, loin de mes consolations !...

— Señor capitaine, interrompit solennellement Angustias, les hommes qui ne peuvent se marier, et qui ont assez d'honneur pour le reconnaître et pour le dire, ne doivent point parler d'adoration à des jeunes filles honorables. Ainsi donc, demandez une voiture, séparons-nous convenablement, et vous aurez de mes nouvelles dès que la fortune me sera moins contraire.

— Aïe!... Seigneur, Dieu de mon âme! Quelle femme que celle-ci! clama le capitaine en se cachant la figure dans les mains. J'ai redouté ce qui arrive dès le premier coup d'œil que j'ai jeté sur elle!... C'est pour cela que je cessai de jouer au *tute* avec elle!... pour cela que j'ai passé tant de nuits sans sommeil!... Vit-on jamais un cas plus affreux que le mien?... Comment laisser seule et sans secours celle que j'aime plus que ma vie?... Et comment l'épouser après avoir tant déblatéré contre le mariage?... Que dirait-on de moi, au Casino?... Que diraient ceux qui me rencontreraient dans la rue avec une femme sous mon bras, ou chez moi, donnant la bouillie à un mioche?... Des enfants!... à moi?... Moi, disputer avec des moutards !... les entendre pleurer !... Craindre à tous moments qu'ils soient malades, qu'ils meurent, qu'ils s'en aillent en fumée !... Angustias !... croyez-moi, par le nom du Sauveur vivant ! Je ne suis pas né pour toutes ces choses. Je serais si désespéré que, pour ne plus me voir ni m'entendre, vous demanderiez le divorce ou le veuvage à grands cris !... Ah !... suivez mon conseil, Ne m'épousez point... quoique je ne désire pas autre chose !...

— Mais, mon cher, reprit la jeune fille s'enfonçant dans son fauteuil avec une admirable sérénité, où prenez-vous donc que je désire ce mariage, que j'accepterais votre main, et que je ne préfère point vivre seule, quand je devrais pour cela travailler nuit et jour, ainsi que font tant d'autres orphelines ?...

— Où je le prends ?... répondit le capitaine avec la plus belle ingénuité du monde. Mais cela ressort de la nature même des choses... de ce que nous nous aimons... de ce que nous sommes indispensables l'un à l'autre... de ce qu'il n'existe aucun autre moyen pour qu'un homme comme moi puisse vivre à côté d'une femme comme vous ! — Croyez-vous que je ne le reconnais pas?... que je n'y ai point pensé?... ou que votre honneur et votre renommée me soient indifférents?... — Mais j'ai parlé pour parler, pour fuir ma propre conviction, pour tâcher d'échapper au terrible dilemme qui m'empêche de dormir, en inventant le moyen de me marier avec vous... comme je finirai par le faire, si vous vous obstinez à rester seule...

— Seule !... seule !... répéta malicieusement Angustias. Et pourquoi pas *mieux accompagnée ?*... Qui vous dit qu'avec le temps, je ne rencontrerai pas un homme qui me plaise et qui n'ait pas votre horreur du mariage?

— Angustias !... tournez ce feuillet !... cria le capitaine devenu subitement jaune comme du soufre.

— Et pourquoi le tourner?

— Tournez-le! vous dis-je, car vous savez déjà que je mangerai le cœur du téméraire qui oserait prétendre... Mais je suis bien bon de me tourmenter pour cela... Je ne suis pas niais au point d'ignorer ce qui se passe!... Voulez-vous le savoir?... Rien de plus simple! Nous nous aimons tous les deux!... Et ne me dites pas que je me trompe, parce que ce serait manquer de sincérité. Je vais vous le prouver tout de suite : si vous ne m'aimiez pas, je ne vous aimerais point!... Je ne fais que vous *payer* de retour! — Et que ne vous dois-je pas? — Après m'avoir sauvé la vie, vous m'avez soigné comme une sœur de charité, vous avez supporté avec patience toutes les impertinences que je vous ai débitées pendant cinq jours, dans le vain espoir de me soustraire à votre pouvoir séducteur; vous avez pleuré dans mes bras la mort de votre mère! Vous m'écoutez là depuis plus d'une heure... Enfin, Angustias... transi-

geons ! Partageons la différence... Accordez-
moi un délai de dix ans !... Quand je tien-
drai mon demi-siècle et que je serai un tout
autre homme, vieux, malade et accoutumé
à l'idée de l'esclavage, nous nous marierons
sans le dire à personne, et nous irons vivre
hors Madrid, à la campagne, où le public
étant supprimé, personne ne pourra se moquer de l'ancien capitaine Hérisson. Mais en
attendant, acceptez, dans le plus profond
secret et sans qu'âme vivante en puisse rien
savoir, la moitié de mes ressources. Vous vivrez ici, moi dans ma maison. Nous nous
verrons... toujours en présence de témoins;
par exemple, dans quelque famille bien convenable. Nous nous écrirons tous les jours.
Je m'abstiendrai de jamais passer dans cette
rue pour ne laisser aucune prise à la médi-
sance... et une fois par an, une seule fois !...
le jour des Morts, nous irons ensemble, avec
Rosa, visiter au cimetière la pauvre doña
Teresa.

Angustias ne put se défendre d'accueillir par un sourire le suprême effort d'éloquence que venait de réaliser le brave capitaine. Mais ce sourire n'avait rien de railleur. Il était, au contraire, aussi joyeux qu'un premier rayon d'espérance, aussi doux que l'apparition, trop longtemps attendue, de l'étoile qui doit nous présager le bonheur... Pourtant, comme en dépit de la dignité et de la sincérité qui la distinguaient entre toutes, Angustias était aussi femme qu'aucune de ses pareilles, elle sut contenir ce premier mouvement, et reprit avec la méfiance simulée et l'orgueilleuse réserve dont la véritable pudeur ne saurait se départir :

— Comment écouter sérieusement les extravagantes conditions attachées par vous à la concession fort peu désirée de votre amour conjugal ? Vous marchandez cruellement aux malheureux les aumônes qu'ils sont trop fiers pour solliciter et que je n'accepterais pour rien au monde... Poursuivez,

je vous prie, et ajoutez que vous croyez favo-
riser beaucoup une jeune personne qui ne
passe ni pour déplaisante, ni pour déver-
gondée, en lui alléguant depuis une heure
vos fins de non-recevoir, tout comme si elle
était venue vous demander votre amour !...
Terminons, en conséquence, cet odieux entretien, auquel je n'ai à ajouter que l'assu-
rance de mon pardon, avec mes remercie-
ments pour votre bonne volonté, — bonne au
fond, quoique bien mal exprimée... — Je vais
appeler Rosa pour aller chercher une voiture?...

— Pas encore, tête de fer, pas encore !...
répondit le capitaine, se levant d'un air sou-
cieux, comme pour prendre sur quelque
meuble la formule la plus avantageuse à
la traduction d'une pensée abstruse et déli-
cate. — J'entrevois un nouveau moyen de
transaction, le dernier... — Entendez-vous,
señora Aragonaise?... — le dernier!... que
l'Aragonais que je suis se permettra de

vous offrir !... Mais avant tout, il importe que vous répondiez loyalement à une question... et que vous me rendiez mes échasses, afin que je m'en aille, sans ajouter un traître mot, dans le cas où vous répondriez négativement à la proposition que je compte vous faire...

— Questionnez et proposez... dit Angustias, lui remettant les béquilles avec une indescriptible indifférence.

Don Jorge s'appuya, ou pour mieux dire se raidit sur ce double soutien, et fixant sur la jeune fille un regard inquisiteur, froid, impérieux, il l'interrogea de l'accent d'un magistrat :

— Vous ai-je plu? Me trouvez-vous acceptable, une fois débarrassé de ces superflus ornements?... Je pourrai les quitter assez vite!... Voilà la base sur laquelle nous avons à traiter maintenant : M'épouseriez-vous immédiatement si je me décidais à demander votre main sous la condition précitée? Que puis-je dire de plus?...

Augustias comprit bien que l'heure était arrivée de jouer le tout pour le tout... Mais même en cet instant, elle n'hésita point à se lever et à répondre sans démentir son invincible courage :

— Señor don Jorge, votre question est une indignité et je ne sache pas qu'un gentilhomme ait jamais pu la poser à une femme qu'il estime. — Ces sottises dépassent la mesure!... Rosa! Rosa! le señor de Cordoba t'appelle...

Et tout en parlant de la sorte, la magnanime jeune fille se dirigea vers la porte de l'appartement d'où elle adressa une froide révérence à l'endiablé capitaine.

Ce dernier l'arrêta à moitié chemin, grâce à la plus longue de ses deux béquilles qu'il étendit horizontalement vers le mur, comme un gladiateur qui se fend à fond.

— Ne partez pas! s'écria-t-il alors avec une humilité inusitée, ne partez pas! au nom

de celle qui nous voit du haut du ciel! Je
me résigne à ce que vous laissiez ma question sans réponse... et je passe outre pour
vous proposer la transaction!... Il n'y a
plus qu'à faire ce que vous voudrez. C'était
écrit!...

— Quant à toi, Rosita, va t'en aux cinq
cent mille diables,, nous n'avons nul besoin
de toi ici.

Angustias, qui s'efforçait en vain d'écarter
l'obstacle matériel que la béquille opposait à
son passage, s'arrêta en entendant l'invoca-
tion suppliante du capitaine. Elle tourna seulement la tête à demi et regarda fixement son
antagoniste avec une indéfinissable expression de hauteur, de séduction et d'impassi-
bilité... Don Jorge ne l'avait jamais vue si
belle. C'est alors surtout qu'elle lui parut
digne d'être reine !

Et le soldat, témoin de cent batailles, le
héros que la jeune fille avait comparé à un
lion, le soir où elle l'avait vu avancer sous

une grêle de balles, se prit à balbutier avec une timidité inattendue :

— Angustias! Sous une seule condition précise, immuable, fondamentale, j'ai l'honneur de vous demander votre main pour demain... pour aujourd'hui, — pour l'heure qu'il vous plaira d'assigner... dès que nous aurons les papiers voulus... c'est à dire pour le plus tôt possible, car je ne puis plus vivre sans vous!...

Le regard de la jeune fille s'adoucit et le tendre et délicieux sourire qui germa sur ses lèvres fut la première récompense que valut à don Jorge le plus grand acte d'héroïsme qu'il eût jamais accompli.

— Mais je répète qu'il y a une condition!... s'empressa d'ajouter le pauvre diable, sentant sa bravoure prête à fléchir et à se fondre sous le regard et le sourire de son ennemie.

— Quelle est cette condition?... demanda la jeune fille avec une placidité enchanteresse.

Elle se retourna tout à fait alors, et le fascina sous le torrent lumineux qui jaillit de ses grands yeux noirs.

— Cette condition, murmura le catéchumène, c'est... que... si nous avons des enfants, nous les enverrons tout de suite... à l'asile des Enfants trouvés ! — Oh!... là-dessus, je ne céderai jamais !... Vous acceptez ?... Dites-moi que oui, par Maria Santissima ?...

— En vérité !... pourquoi n'accepterais-je pas, señor capitaine ? répondit Angustias en éclatant de rire. — Vous irez les y conduire vous-même... Bah! que dis-je ?... Nous irons ensemble... Nous les jetterons au tour sans les embrasser, ni les regarder seulement!... Jorge, es-tu si sûr que cela, que nous les y jetterons?...

Et ces paroles étaient accompagnées d'un regard si séraphique, que le pauvre capitaine crut être sur le point de mourir de bonheur. Un flot de larmes s'échappa de ses yeux et il s'écria en pressant dans ses bras la belle orpheline :

— Ainsi donc, je suis un homme perdu?...

— Perdu, archi-perdu, señor capitaine Hérisson !... Et sur ce, allons déjeuner, puis nous ferons une partie de *tute*, et ce soir, à l'arrivée du marquis, nous lui demanderons de vouloir bien accepter le parrainage de la noce... Je crois bien que c'est la chose qu'il a le plus désirée depuis le premier jour de notre rencontre.

III

ETIAMSI OMNES

Un matin du mois de mai 1852, c'est-à-dire quatre ans après la scène que nous venons de raconter, un de nos amis (le même qui nous rapporta cette histoire) arrêta son cheval à la porte d'une vieille maison située dans la carrera San Francisco, à Madrid. Sur le seuil de cet ancien palais, il remit la bride aux mains du laquais qui lui servait d'escorte, et demanda à l'automate vivant qui sortit à sa rencontre :

— Don Jorge de Córdoba est-il dans son cabinet ?

— Sa grâce, le caballero, répondit en dia-

lecte asturien, le mannequin à livrée; sa
grâce demande, à ce que j'imagine, l'excel-
lentissime marquis de los Tomillares...

— Comment cela? Ce brave Georges est-il
déjà marquis? reprit le cavalier voyageur.
Ce bon don Alvaro s'est-il enfin décidé à
mourir?... Il n'est pas surprenant que je
l'ignore, car je suis rentré à Madrid la nuit
dernière, après un an et demi d'absence...

— Le señor marquis don Alvaro, dit solennellement le serviteur, en ôtant la tourtière
galonnée qui lui servait de couvre-chef, le
señor marquis est mort il y a huit mois, en
laissant pour son unique et universel héritier
son seigneur cousin et ancien intendant,
don Jorge de Córdoba, actuellement marquis de los Tomillares...

— Bien. Alors faites-moi le plaisir de le
faire avertir que son ami T... désirerait le
voir.

— Le señor caballero peut monter... Il le
trouvera dans la bibliothèque. Son Excel-

lence n'aime pas qu'on lui annonce les visites. Nous avons l'ordre de laisser entrer tout le monde, comme un couteau dans du beurre.

— Heureusement, — se dit le visiteur en montant l'escalier; je connais la maison comme la mienne!... Allons donc à la bibliothèque!... Ah! qui aurait cru que le capitaine Hérisson se rangerait un jour?

Il traversa plusieurs appartements et rencontra sur son passage de nouveaux serviteurs. Tous se bornèrent à lui répondre : *Le señor marquis est dans la bibliothèque...* Arrivé enfin devant la porte ornementée de la pièce indiquée, le voyageur l'ouvrit brusquement et resta stupéfait devant le groupe qui s'offrit à sa vue.

Au centre de la salle il aperçut un homme marchant à quatre pattes sur l'immense tapis. Un gamin de trois ans environ, monté à califourchon sur le dos de ce coursier d'un nouveau genre, l'éperonnait à coups de talons, tandis qu'un second bambin, qui n'avait pas encore deux ans accomplis, se tenait fièrement devant la tête ébouriffée de la monture improvisée, tirant une cravate en guise de licol, et s'exerçait laborieusement à articuler :

— Eh ! hue, donc, bourrique, hue !

FIN

TABLE DES MATIÈRES

PREMIÈRE PARTIE

Pages

Blessures du corps 7

DEUXIÈME PARTIE

Vie d'un mauvais garnement. 51

TROISIÈME PARTIE

Blessures de l'âme 91

QUATRIÈME PARTIE

De puissance à puissance 139

ÉMILE COLIN — IMPRIMERIE DE LAGNY